AF367123

Juan Fernández Ortega

LA POESÍA
Y EL CAPITAL

LA POESÍA Y EL CAPITAL

Juan Fernández Ortega

bubok
EDITORIAL

© Juan Fernández Ortega
© La poesía y el capital

ISBN papel: 978-84-686-5832-2
ISBN digital: 978-84-686-5833-9

Impreso en España

Editado por Bubok Publishing S.L.

Índice

CITAS PRELIMINARES

"(…) malos testigos para los hombres (son) los ojos y los oídos de quienes tienen almas bárbaras."
Heráclito. Recogido por Sexto Empírico en "Contra los dogmáticos."

"Un poeta debe dejar huellas de su paso, no pruebas. Sólo las huellas hacen soñar."
René Char

"¿Existe la sabiduría, o lo que parece tal es solamente un último refinamiento de la locura?"
Bertrand Russell

"La raíz del lenguaje es irracional y de carácter mágico. (…) La poesía quiere volver a esa antigua magia."
Borges

"Este es el momento que me concedió mi eternidad,(…)"
Lezama Lima

AGRADECIMIENTOS

… a Pepe Armenta Vergne, cuyas correcciones y sugerencias en la lengua de Cervantes me fueron preciosas; a Esaú Ponce Ramos, cuyas intervenciones constantes suplieron mi consabida torpeza en la "téchne" informática.

LIGERO PREFACIO

"Mi ciudad y país, en tanto me llamo Antonino, es Roma, pero en cuanto hombre, es el mundo."
Marco-Aurelio

Es éste un libro elaborado sin plan preconcebido, a golpes de corazón, de impulsos elementales. Generalmente volviendo de la calle me veía de pronto impelido a escribir sobre algo que al caminar por ahí me abstrajo, inquietó, frecuentó el espíritu. Animal urbano, la ciudad que finalmente me asignaron los hados ha de ser el microcosmos que contenga el mundo, y en ella he de buscar cada día la dimensión reducida del planeta, sus razas, sus lenguas, sus naciones. Cada mañana requerimos el orbe, y si la ciudad que es nuestra morada tiene alma de aldea, no importa, porque nada podrá contenerla hasta hallar en ella esa aldea universal en la que todos los hombres son el hombre. Cada tarde, cada noche que regreso, he de traer, a pesar del cansancio, el aliento del mundo, entendido éste no sólo una extensión en el espacio sino igualmente en el tiempo. Eso no debe desecharse, pues de otra manera nos perdemos, nos reducimos, y terminamos olvidándonos...

Creo que ese anhelo que me habita es el que sobre todo se va explayando en las humildes páginas de este libro. No obstante, como el canto de las sirenas, la lejanía y lo desconocido me invocan, y necesito cada tiempo indeterminado franquear y dejar atrás las puertas de la ciudad. Yo siempre procuré ser el viajante y no su maleta, ya que ello me ocasionó no pocos litigios. Prácticamente en todos sitios, por hábito y rutina, a quien desembarca viniendo de fuera se le nombra turista, y siempre protesto: "¡No, carajo, yo soy viajero!" "¿Y cuál es la diferencia?" me han a veces requerido: "pues que el turista viene a consumir según programa y guión firmados, establecidos, y el viajero a conocer, a aprender, a disfrutar, inclusive y contra todo pronóstico a padecer, en todo caso a dejarse llevar por la corriente de la vida…", y ahí me miran con incredulidad. En una ocasión me espetaron: "usted parece raro."

Y en una de esas sucedió. Yo me presenté en Cuba como el españolito de Iberia y Meliá. A partir del segundo viaje descubrí otro país y otra gente, pero en el primero, partiendo y volviendo a diario al gheto y cobijo Meliá, únicamente anduve por La Habana y su entorno. Iba solo cada día, nunca inserto en un circuito turístico que, como digo, me horroriza. Acordé conmigo que volvería una segunda vez para arribar al fin de la isla, y en la siguiente partida saltar a Chile, donde me aguardaban ayer, y todavía hoy, sus glaciares. Pero en Santiago de Cuba me atrapó el destino, y las emociones le dieron un vuelco a mi vida. En un libro levanté testimonio de aquello, cual si hubiera redactado el último episodio de la Crónica de Indias. Lo cierto es que me vi llamado a regresar una y otra vez a aquella otra España, más genuina en muchos aspectos que la original, y a no hablar recurrentemente más que sobre los asuntos del corazón. Ello supuso un corte, una escisión, en la escritura del presente libro, de forma que hasta el capítulo 11, anterior al suceso cubano, hay una redacción, y a partir del 12 otra. En cualquier caso, a pesar de esa digresión, hay un hilván común que no es otro que yo mismo, o dicho de manera diferente, mi propia errancia…

En Sevilla, primavera del 2014.

I

ME PRESENTO

"(…) usted ha ido tejiendo, construyendo, levantando todo
el paisaje que la rodea."
Alvaro Mutis

Miro atrás y no veo el menor asalto de lo fortuito o la más
leve interferencia de la mano incierta e imprevista del azar.
Antes al contrario veo un destino. No ciego sino urdido día
a día, bien encajado, como un rompecabezas plenamente
resuelto. Un destino que fuiste tejiendo con sigilo, sin la
irrupción de nada extraño, sin sobresaltos intempestivos de
madrugada, y que, al fin, constituye desde el inicio el sendero que trazaste a la medida de tu anhelo. Mas no debes
mirar hacia atrás con ira. Tampoco con satisfacción. Mejor
contempla, como Tito, la clemencia, incluso el perdón a ti
mismo. No debes ejercer contigo la fría justicia ni hacer-
te la crítica implacable. Deja siempre abiertos resquicios a
la comprensión. No te reproches excesivamente lo que no
fuiste y ya por tanto no eres. Sabes que te quedaste a medio
camino a pesar de los horizontes que se abrían a tu mirada.
Sin embargo también algo hiciste. Siempre tuviste a mano
un amplio repertorio de recursos con el que llevaste a cabo

ante tus alumnos una representación libre de la vida, que les interpretaste ese personaje que ideaste con los materiales extraídos de tu propia persona, con el que llegaste a ser un buen actor, o más bien, un buen comediante. Sabes que generalmente te aguardaban para esquivar el sopor inherente al sistema. Con el aliento de la complicidad, sabido es que los quisiste y te quisieron, y ello aportó bienestar a tus días. Igualmente gozaste y sufriste una vasta conciencia en la que cupo el mundo entero, con la cual te estremeciste como una tela de araña toda vez que la rozó algún destello de belleza o la desgarró algún zarpazo de injusticia. No obstante el recuento puede dejarte insatisfecho. "Llega a ser el que eres", dijo Píndaro. Y a ti te hubiera gustado haber sido el que eras capaz de ser. Pero no pienses más en aquello. Aprecia, aunque no te conformes, a quien después de todo fuiste…

II

LA PENÍNSULA

Una de las imágenes que más me frecuentan es la del plano de la Península sobrevolando el cabecero de la cama. A derecha, confrontadas a la curva ascendente levantina, Baleares. A izquierda, descendiendo por el frente atlántico africano hasta las ardientes dunas del Sahara, Canarias. Sólo que, descolgadas éstas geográficamente, fueron traspuestas hacia las costas del Algarve, ocultando el área tangerina de Marruecos. Esta licencia que altera el orden del hemisferio norte hubiera dificultado a Colón y sucesores utilizarlas como antesala de América, pero yo me habitué a ese mapa violentado. Así, a lo ancho desplegada la gran plataforma rocosa con sus dos sociedades de islas, la Península Ibérica fue la primera advocación de mi vida. Ya sé, viejo vicio, que asimilé la Península sólo a España, y que Portugal aporta nuevas ínsulas, Azores y Madeira, que amplían la proyección atlántica, pero en la época no las echaba en falta. Aunque, en verdad, nunca quise comerme a Portugal sino sobrepasar a España. Mi país era la unidad, la sólida y magnífica cuadratura entre mares, el "finis terrae" meridional de Euroasia. La historia debió habernos legado lo que la geografía: a un solo solar una sola residencia, no centralizada sino bien ensamblada en un buen federalismo, con una capital atlántica, Lisboa, otra mesetaria, Valladolid o Madrid, y una tercera mediterránea, Barcelona. Trazándose así una aproximada diagonal de poder que reflejaría los tres mundos peninsulares, el oceánico, el continental y el del mar interior. A veces presiento que esta plausible conjetura se hubiera abierto camino en el programa de *unión de reynos* de los Reyes Católicos, que después tuviera enteramente en sus manos Felipe II y que obcecadamente no supo, o no quiso, ver. Inclusive el reformismo de Olivares, si no hubiese sólo perseguido salvar del naufragio temerariamente al Imperio con su *Unión de Armas*, puede que lo hubiera finalmente barruntado. Así que, en definitiva, la Península tuvo en el inicio de mi vida una resonancia geográfico-religiosa, pues desde el cabecero de la cama amparaba mi sueño en lo alto de la noche.

Evidentemente nunca solicité nada a esa cuasi diosa Hispania, que jamás sobrepasó su naturaleza cartográfica. Pero como justamente la cartografía siempre evoca una visión del mundo, yo en la mía hallé perfectamente el centro del mismo. En efecto, gracias a la Península me vi tan claramente situado en la gran esfera que con ella misma puse orden en mi mente: su abrupto y limpiamente recortado territorio era la culminación del globo, donde convergían sus líneas maestras, sus fuerzas esenciales de atracción. Yo veía cómo en las fotos satélite o en las vistas globales de las naves tripuladas resaltaba la Península más señera que ninguna otra tierra de la esfera. Y a pesar de ello, sin embargo, ya me inquietaba una cierta idea de nuestra decadencia, lo que a su vez implicaba desorientación o pérdida. Las riquezas y los adelantos venían de Estados Unidos, la cultura y las libertades de Europa, y nosotros, españoles y portugueses, habíamos sido descabalgados de la historia. Pero siempre me quedaba la Península como la referencia más inamovible, generoso puente entre dos magnitudes, Norte y Sur, soberbio fórum en el centro de ese Decumanus Maximus que traza el Este y el Oeste del planeta, espléndida impulsora, en fin, del vuelo atlántico…

Y ya que toda geografía conlleva un destino, muy especial si es una isla o bien un nítido y generoso perfil como el de la Península, yo vivía entonces silenciosamente esa excepcional fortuna cuando en los veranos acudía con mis padres a las costas del Golfo de Cádiz, ese inmenso arco que sólo un dios antiguo hubiese podido tensar. Arribaba por caminos forestales de arenas tan finas y bien batidas por el viento que se ofrecían como nunca holladas por el pie del hombre. Aquéllos en la lejanía dibujaban senderos inmaculadamente blancos adentrándose en el hondo verdor de la penumbra. Allí un faro erguía su dominio y a su vista mentalmente me recitaba el *Soliloquio del Farero*, de Cernuda, cual si de una oración se tratara. Más tarde, ya nadando en el océano, sostenido a la isleta de la primera boya que indicaba el sendero al puerto de Huelva, cual un improvisado Colón con el agua al cuello, calculaba la orientación de Canarias y señalaba a América…

III

MÁSCARAS EN EL MUSEO DEL QUAI DE BRANLY

"Ciervos, salvaron el espacio milenario
Desde las tinieblas de la roca hasta las caricias del aire."
René Char

Si se les da forma a los espíritus, si se les aprehende en las máscaras, el hombre podrá vivir a resguardo de ellos, defenderse de presencias ignotas que le frecuentan desde el primer día de su existencia. No hay pactos con los dioses, sino precarios equilibrios, intangibles fronteras que si se violan precipitarán al hombre hacia el abismo. Por el contrario hay que granjearse la voluntad de los espíritus benefactores que mantendrán la vida en firme y evitarán el pánico por la disolución de la muerte. Ésta, en efecto, abrirá las puertas a un vertiginoso mundo invisible. Los muertos llegarán al espectral universo de los espíritus, y aquéllos también habrán de transformarse en fuerzas benignas. Es el atavismo de la magia que asimila en un mismo impulso al hombre y la tierra, en la que siempre ha de buscarse la redención del terror a lo desconocido. De ahí la génesis elemental de estas máscaras, la conmoción telúrica que las recorre, las cuales nos incitan a escupir sobre la belleza pues nos plantan ante una humanidad despojada, abrupta, sin concesiones, con el alma en vilo expuesta al viento de las cumbres. Hombres con la identidad de los animales y las plantas, en peligro y al acecho por valles abiertos o junglas cerradas, barruntando la muerte, invocando la vida. Son las máscaras de una humanidad sin aditivos, anhelante, material, básica.

Un Picasso, desde luego, aprendió bien esta lección radical, aun cuando la utilizara para sus propios fines, desnaturalizándola por completo. En él, como en el museo, guardan su raigambre totémica, su violencia primordial y liberadora, el hálito que desprenden sus ancestrales formas geométricas, pero los ritos y ceremonias que suscitaron se diluyeron ya en la nada. Nuestro mundo las requiere en una función reglada, la de ser exhibidas vueltas espiritualmente del revés, esto es, transmutadas en objetos de arte de naturaleza pasiva. Pero no se concibieron con intención artística ni con el cometido de renovar el lenguaje expresivo de la galería de monstruas picassianas, sino bien al contrario para propiciar las fuerzas ocultas que laten inquietantes en la vida de las cosas. Ellas mismas encarnaron esas fuerzas como oscuros demiurgos, antes de ser desprovistas de la sustancia del mundo, de la verdad anterior que subyace en el inicio de la aventura humana, de serles arrebatado el vuelo como esas mariposas atravesadas por un alfiler, sus colores iridiscentes sin el fulgor del mediodía, privadas de la transparencia del aire por esa luz cautiva que las alumbra en las vitrinas. No obstante, inclusive alineadas en la serie expositiva del museo, poseen la inminente convicción de desmentir a los colonos culturales de nuestras pulcras sociedades, que les otorgan valor contable o las miran de soslayo como indiferentes o remotas muestras de barbarie.

Sin embargo pueden hacer despertar de su hibernación milenaria a los animales poderosos e imponentes de Altamira y Lascaux. En estas cuevas las imágenes estremecen, reflejaran o no las constelaciones, estuvieran o no a favor de una razón mágica que habría sido imprescindible para la supervivencia de la especie. A la vista de las figuras parece entrar uno en contacto con las primeras ensoñaciones del hombre. Ese mismo de paso vacilante pero ya en su haber una vehemente tensión espiritual. Estos animales de la última glaciación dan fe de una realidad que se nos viene encima por la energía de su presencia y la amplitud de su silencio (Braudel). Por ello máscaras y animales están impregnados del misterio irrefutable que aísla y distingue a la obra de arte…

IV
ANIVERSARIO ATÓMICO

"No es un recuerdo, es una vivencia perpetua fuera de la historia que no pasa con el tictac del reloj."
Padre Pedro Arrupe, sobre la mañana del 6 de Agosto de 1.945 en Hiroshima.

A las 8,15h de la mañana el comandante Paul Tibbets escupía sobre Hiroshima la primera bomba atómica de la historia y abría de golpe formas inéditas del sufrimiento humano. La sociedad libre de Norteamérica aun festeja al piloto exterminador y su mortífero artilugio, pues el avión se exhibe con beneplácito público y orgullo nacional en algún museo del aire. Honor entonces a los criminales y sus hazañas bélicas que han levantado la gloria de esa joven nación. Honor al antaño jefe supremo de la misma, un tal Truman, que dio la orden de ejecutar. Honor a la masiva inyección de Capital que hizo posible la más puntera tecnología de la muerte, la cual convirtió en algo risible el pobre rayo de Júpiter y en agua pasada el ardor bélico japonés y la infernal maquinaria de destrucción nazi. Estos, los creadores del crimen a escala industrial, habían sido sobrepasados por los inventores del gran hongo abrasador. Daba la humanidad aquel día el salto decisivo hacia el abismo desde la aparición del fuego y el hogar, esto es, desde la misma raíz de la civilización, hasta la pavorosa traca final cuya devastadora espada llameante la arrasaría en sus cimientos. Es como si las culturas se autodestruyeran haciendo germinar en su seno una barbarie mayor que aquellas otras que fueron dejando atrás. Bravo en todo caso por los héroes de aquella memorable jornada, el gran jefe Truman y el comandante-piloto Paul Tibbets, que asombraron a los siglos con un nuevo Apocalipsis, el cual prodigaron abriendo portezuelas y pulsando casi distraídamente un incierto botón. Que los Anales registren sus nombres entre los más excelsos ángeles de la muerte, los cuales, de por sí, sólo actuaron a la busca de mayores beneficios para el Capital patrio. Porque ya no era el castigo ejemplar enviado desde un cielo rugiente por la cólera divina, sino la plasmación de la más aséptica y voraz ciencia de la muerte. Esa misma ciencia que se pavoneó como la Gran Dama del siglo XIX, y que ya en el siguiente se transmutó en solícita servidora sólo atenta a las apremiantes demandas del Capital. Así, nunca progreso y dinero se habían fundido mejor en un único abrazo, en una sola inversión, en un verdadero gesto patriótico que los llevara a la victoria final. El Imperio anunciaba y advertía al mundo que estaba en posesión del nuevo fuego, y que había de rendirse a él...

La continuación no se hizo esperar y abrió nuevos horizontes de grandeza. Aquel armamento apocalíptico prosperó y creó por la razón de la fuerza el club atómico mundial, que a su vez difundió el equilibrio universal del terror. Pero esto aún se ha visto refrendado por encumbrados adelantos tecno-bélicos que ofrecen a buen precio iguales y todavía mayores estragos de manera quizá más selectiva, más impoluta, en el contexto del progreso general de las ciencias aplicado a una alta resolución militar. Es así imparable el avance de esta tecnología que ofrece la solución final de sucesivas aniquilaciones certeras y garantizadas de la humanidad durante no sé cuántas miles de veces. Se trata de una tecno-ciencia que abre el mercado más prometedor y despeja el camino, en fin, a un brillante porvenir…

V

POBRES TRÓPICOS
(En la muerte de Lévi-Strauss)

"El perfume, más sabio que nuestros libros, respirado en el cuenco de un lirio."
Lévi-Strauss (Citado por G. Albiac en el diario La Razón)

Quizá la sabiduría sólo exprese la serenidad y la espera más arcanas, el silencio y la lentitud que permanecen ajenos al paso de la vorágine, aprendidos muy lejos de nuestros libros, en las antípodas de la ansiosa velocidad que imprime en nosotros el dictado del Capital. Es la única respuesta que puede el hombre hallar frente a la acechanza apostada tras las sombras, en lo hondo de una naturaleza sojuzgada y violentada pero en la que el dios del rayo siempre aguarda con amplios poderes. Es esa alteración esencial que ha provocado verdaderas hecatombes provenientes de fuerzas desbocadas, rotos los viejos equilibrios minerales pacientemente urdidos en la noche sin fin de los tiempos. Codicia y avaricia, muy anteriores a la eclosión devastadora del Capital, asolan con renovado ímpetu extensos territorios del mundo caídos en manos de regímenes vasallos. Precios fluctuantes y a la baja los mantienen rigurosamente atados a su pequeño rincón campesino. Es la lógica depredadora del neocolonialismo, de la que en buena parte se nutre nuestro adorado nivel de vida. Los trópicos, efectivamente, se volvieron tristes, entre la explotación inmisericorde de sus portentosas riquezas y la venta por liquidación de las razas que los habitaron. Estas forjaron una sabiduría de la vida y crearon un arte de los objetos donde la estética saltaba por los aires porque sus orígenes remontaban a la imperiosa urgencia del hombre por sobrevivir. En ese humilde cúmulo de certezas invisibles fue hallada la justa distancia entre el hombre y su medio, ante el temor y la adoración que suscitaba la vida de los astros y los impulsos desatados de la tierra, el hombre como una especie que otorgaba valor y respeto a las otras especies, inclusive librado al vértigo de hacer correr la sangre para saciar el frenesí de sus dioses animistas, con la inclemencia de la naturaleza que lo asediaba y hasta constituyendo sociedades reducidas a la mínima expresión de supervivencia, fue con todo un humanismo esencial el arrasado por el envite de la barbarie civilizadora del Capital.

Pobres trópicos sorprendidos por Occidente en esa desnudez primaria que clamaba desde el fondo de las edades, pendientes de exiguas cosechas y precarias condiciones en sus sencillas economías de subsistencia, escindidos de la civilización y al momento víctimas de ella, tantas veces su verde umbría mancillada por los aventureros del caucho como hoy herida de muerte por las multinacionales petroleras, madereras, cerealistas-transgénicas... "Desdichados condenados a una extinción próxima," y sin embargo los últimos hombres en posesión quizá de la grandeza de los inicios. Pobres trópicos a la merced de inaprensivos misioneros provistos de todos los pelajes. Lévi-Strauss testimonia de unos tales venidos de Nebraska o Dakota, que ejecutaban su programa salvador con una inhumanidad que revolvía las entrañas. "Para el pensamiento de los pueblos dichos primitivos una explicación no vale más que a condición de ser total." Por eso cada paso que dieron sólo tuvo sentido en relación a la totalidad del mundo que habitaron, al que nosotros hemos despiezado para mejor dominarlo, y así troceado hemos perdido de vista al universo en cada una de sus partes. Si el pensamiento salvaje considera que "el hombre no se distingue de los otros seres vivos, inclusive los más humildes, los cuales en tanto que individuos son únicos," quiere decir que marcharon al unísono con la naturaleza, a la cual respetaron, a la cual temieron, de la cual se sirvieron, pero aberrante hubiera sido la idea de enfrentarse a ella para desvirtuarla, pues tal acto bárbaro hubiera implicado la pérdida del hombre en la corriente general de la vida. Sea que nunca levantaron construcciones intelectuales ni emprendieron el vuelo del espíritu, pero el conocimiento palpitante que adquirieron de sus semejantes, animales y plantas, así como la comunión que llevaron a cabo con la tierra, es la gran lección impartida a nuestra incierta humanidad. Verdad es que vivieron una suerte de inmovilismo perfecto en la medida en que "su ideal sería el de permanecer en el estado en que los dioses y los antepasados los han creado en el origen de los tiempos." No sé si sustituir la historia por el mito conduce a una senda menos colapsada que la nuestra, pero de todo ello en cualquier caso ya sólo cabe conmemorar la pérdida…

Como Lévi-Strauss nos enseñó que todas las certitudes son efímeras y transitorias, así como la antítesis evidente que hay entre naturaleza y cultura, nadie va ahora a establecer la verdad oculta del ser humano. Sabido es que éste es el único animal capaz de sobrepasar su ley animal, que puede aniquilar hasta la extenuación (que se sepa, es el único primate que tortura) como elevarse espiritualmente hasta desafiar la pureza de los números. Puede igual, en nuestras sociedades de masa y espectáculo, reducirse a una nada andante y parlante, al punto de hacerse difícil considerar el significado de su humanidad... Pero creo a pesar de todo en el aliento del espíritu, ese Logos inveterado que alumbró la salvación por la razón y la palabra, que sembró el espíritu crítico en el que germinó el desafío a los dioses. Incluso pudo levantar una esperanza. La misma que en algunos momentos quizá de la historia haya podido mejorar la condición humana. No quisiera sin embargo que tal credencial sólo fuera un acto de fe o un ejercicio de la voluntad. Si pienso en Montaigne: " nous n'avons aucune communication à l'être ", me quedo sin tierra bajo los pies. Más vale considerar el escepticismo discreto y apacible de Wittgenstein: "Cree pues. Eso no hace ningún mal."

VI

LA POESÍA
Y EL CAPITAL

"No te me engrías, dinero,
Aunque sin cesar te busco,
Ya sabes que no te quiero."
Jorge Guillén.

Cuando la poesía llega, hay un acontecimiento excepcional: el del hombre que, acto fundador de la conciencia, ha vuelto a sus orígenes. Y en la medida en que mantenga esa posibilidad de acción se le despejará una vía inédita de identidad. No es añorar el estadio paleolítico ni plantear el rescate del buen salvaje o pensar en una retro-utopía, sino entablar la defensa de una busca, un hallazgo, el descubrimiento de sí mismo dentro de una precisa manera de ser del mundo, la de su inocencia. No la de su bondad, sino la de su inocencia. Es ese estado mágico de la conciencia, coetáneo quizá del nacimiento de la palabra, el que origina al hombre y le empuja a emprender su incierta aventura. Y ese andar balbuciente, hecho de perplejidades, permanece, aun cuando arrastre la sombra alargada de la incredulidad. Pues ese gesto ha sido soterrado por sucesivos pliegues de intereses creados, atávicas hipotecas, ideas recibidas, gravosas herencias, las razones que han alimentado la docta ignorancia o terriblemente difundido la barbarie. Sin embargo esa andadura rebrota, vuelve una y otra vez, tantas como la poesía. De manera que si el hombre persevera en su ser, recupera el primer indicio de su condición, habrá contemplado su inocencia. Sólo entonces sucederá el sentimiento de pertenencia al mundo, que en sí conlleva el acto de solidaridad con él. Al final habrá sellado su destino con el de la tierra, aunque siempre en ella, implacable vigilia, la muerte aguarde al acecho…

Pero esto es que el hombre tecno-económico de la sociedad del Capital rompió ese acuerdo, invocando las deslumbrantes expectativas de crecimiento ilimitado que otorgaba la adoración del Becerro de Oro, la ilusoria emancipación de una tecnología que actúa en su existencia como un prepotente *deus ex machina*, prodigando las exclusivas excelencias de un hedonismo de rico embalaje y fundamento banal. Por esa vía dio a tal punto la espalda a la naturaleza que después le fue físicamente imposible volver a ella. Es por esa razón que ante la naturaleza sólo se muestra espiritualmente estéril. Persistentemente divorciado de su medio y convenientemente requerido por la cultura del Capital, el hombre certeramente anduvo por la senda del alejamiento e ignorancia de sí mismo. Ya sólo había de hallar en la naturaleza función de uso, en la perspectiva de unos buenos resultados. El hombre que ya no formaría más parte de ella únicamente había de afirmar ahí su poder, propiciando su desacralización y conversión en material fungible. Se diría perteneciente a otra humanidad aquel Iulius Lacer, el ingeniero civil que en tiempos de Trajano levanta sobre el Tajo el puente de Alcántara, a cuyos pies hace cobijar en un templete una suerte de oración dedicada al dios del lugar. El placer de la obra bien hecha ya poseía en sí misma la noble función y su belleza, y ningún espíritu del río podía sentirse herido porque no había habido agresión… Hoy la misma naturaleza yace reducida a un papel irrelevante en el contexto de un territorio sucesivamente acotado, sometido a vigilancia cual una reserva india, con el triste augurio de que la previsible caída de la naturaleza conllevará la caída del hombre. Es así que éste ya no crea paisaje, simplemente lo destruye, pues se ha configurado como un ser moralmente desprovisto, de existencia paradójicamente precaria, aun contando con una duración media de la vida que bate marcas de longevidad. Y la naturaleza no entendida como la tesis de la mansa utopía quietista de una Arcadia feliz, sino como la inquietud, el soplo universal que abre vastos espacios donde las fuerzas violentamente se contradicen o armoniosamente se acuerdan. Resulta así un flujo incesante en que las formas se hacen y deshacen sin mostrar fatiga.

La obra de esa lucha ciclópea es la misma naturaleza, donde su cumple el destino del hombre, a la que un día habrá de regresar si no quiere ultimar su pérdida. En esa naturaleza el corazón humano alumbró a los dioses, a los que después fue dejando morir mientras los santuarios se mantenían incólumes en la perenne certeza de la luz y al amparo de la gran bóveda estrellada. Ahí irrumpió el llamado hombre moderno y estableció una dramática escisión: la del espejismo de dominar la tierra. Para su infortunio sólo consiguió ignorarla, lo que le ha irremisiblemente encaminado al olvido de sí mismo. Por lo que sobrevino decisiva esa extensa edad histórica en que las sociedades fueron estructuradas por las culturas agrícolas. Esa comunión con el suelo las acompasó al ritmo de las estaciones, a pesar de que un detestable reparto de la tierra las hiciera pobres, iletradas y atrozmente inmóviles. Pero antes de que la cultura rural fuera diezmada, la poesía latió en ellas bajo las formas más inauditas. Cuenta Neruda en sus memorias que yendo por el Madrid republicano con Miguel Hernández, éste trepaba a lo alto de los árboles y entonaba allí el canto de los pájaros. Era entonces tanto o más poeta que cuando elaboró su obra poética. Aquello debió ser como una poesía escrita en el aire. Messiaen, de haberlo presenciado, habría derramado dulces lágrimas… Esa canción, signo de esperanza, sigue ahí, presta al salto, dispuesta a brotar como el agua oscura y fresca que nace en la entraña de la roca. A menos que la cultura del Capital, con su infatigable cuenta de resultados y su narcótico monetarismo, no decrete su inutilidad y condene su memoria. Aunque igualmente la moldee a su guisa al proclamar la gloria laureada en la cabeza de algún insigne poeta, al que acto seguido sentará a su mesa para darle lustre… Pero el hombre siempre guardará intacto ese estado mágico de la conciencia que creía superado, impropio de su nivel tecnológico, y verá que en él reside su capacidad de fabulación, su poder de asombro, la esperanza de asirse a la raíz de su propia humanidad. En ese último reducto incesantemente hallará dormida la poesía…

VII

LOS PRIMITIVOS DEL ARTE

"Abordar el objeto desde el plano de su trascendencia, no del más allá de la existencia, sino del más acá de la humanidad y su dicha."
Simone Weil

El artista que no se vea un primitivo, que no se remita a ningún origen, que no mame de las fuentes de aquellos artesanos que con la tradición en la mano creaban bellos utensilios (la densidad material de un hacha de sílex, la curva del viento de un arco de caza, la plenitud formal de un arado romano) para sociedades que vivían al compás de la tierra, ese artista creo que yerra. La historia del arte figura saturada de carísimos objetos que portan la inanidad consigo, de deslumbrantes edificios con valor de cartón-piedra (los templos del dinero, sin ir más lejos), aptos sobremanera para cobijar retóricamente la fealdad y la violencia. Hay que partir de una premisa clara: el arte es una acción moral que va desplegando una busca y despejando en su andar conflictos, problemas. Únicamente ese acto espiritual puede fundarlo... Sólo un arte innato accede a la corriente del mundo, revela sus razones (o sus angustias) y clarifica sus formas esenciales. Puede inclusive llevar consigo la condición de demiurgo. De ahí que pululen en la sociedad del Capital tantos artistas ajenos a ese fondo humano, que se enredan simple y llanamente en una producción *ex nihilo*. A un ramillete de ellos, como era de esperar, el mercado los trata a cuerpo de rey. Ciertamente a los más exhibicionistas, prestos en todo momento a dar espectáculo. Inútil porque es un arte de artificio contable, de pasarela de oropel, de algarabía, que acabará por sí mismo deslegitimado. A pesar de ello, por él transitan grandes pujas y buenos postores ante halagüeñas perspectivas de interesantes dividendos. El otro, el antiguo, el que viene avalado por la historia y los museos, ése más bien interviene como valor refugio.

Sin embargo, la naturaleza espiritual del artista no lo convierte en ángel. Éste ha de vivir de su arte, y, a ser posible, ha de hacerlo bien, sobrado, hasta abundante (recuérdese a Greco con su orquesta de cámara privada, se dice, en sus horas de esplendor, a Rubens ejerciendo la alta diplomacia entre las cortes de Madrid y Bruselas, y, sobre todo, al Velázquez más cortesano, en el séquito exclusivo de los más próximos al absolutismo de Felipe IV, en el tétrico ambiente del Alcázar de los Austrias). El artista igualmente ha de huir de todo malditismo, aunque a veces se le venga encima como los idus de marzo. Otra cosa es que ese arte agote su razón de ser exclusivamente como mercancía. Acerca de esto abundan los paradigmas. Uno preciso: el de la obra de Dalí, *grosso modo* a partir de la mitad de su trayectoria. Creo que la feria de vanidades (banalidades) que montó en Figueras redunda en ello. Recuerdo así mismo una retrospectiva de su obra habida en el Centro Pompidou (Beauborg), de París, allá quizá a fines de los 70, en que, como preámbulo a la exposición, unos colgajos gigantescos simulaban un desaforado chorizo ibérico recorriendo en varias idas y venidas toda la extensión de la planta baja. De ser verídico aquel esperpento, y frente a una inopinada imprevisión, podía uno haber fenecido bajo la roja y grasienta carga de aquel inconmensurable y vernáculo chorizo. Lamentable. El arte-mercancía (o arte-espéctaculo), por tanto, deriva en cualquier cosa: adorno pseudo-estético en el mejor caso, circo de mal gusto en el peor. De todas maneras es pura falacia desprovisto de toda razón moral y, por consiguiente, estética. Entonces un artesano ancestral de la madera, de la piedra, del barro, del metal, o del misterioso universo cromático que en la misma naturaleza palpita, de cualquier indeterminada materia, en fin, hubiera venido a rescatar el sentido del arte. Por ello la referencia se halla en los comienzos dubitativos pero transparentes, dichos primitivos, como en éstos otros desperdigados en sociedades todavía no tomadas al asalto por la destreza perniciosa del Capital. Así pues, excluida del arte esa acechante condición mercantil, puede éste en ocasiones, cuando al fin aparece, abrir paso, entre otras vías, a la de la eternidad. Como, por ejemplo, la ensoñación geométrica que ansiaron y llevaron a su cima los antiguos egipcios. Pero la verdad, me parece, es que se condensa como la escarcha, se comprime como el gas, mineraliza como un cristal, queda en suspenso como si de golpe se creara un ingrávido vacío. Véase, si no, el Inocencio X de Velázquez, el culmen en reposo de la figuración realista, el repliegue eclesiástico de un maquiavelismo brutal, tan insidioso que corta el aire. El arte desde luego lo situó más en la historia que todos los historiadores lo hubiesen podido hacer. Se entiende que el espectro del jerarca Pamphili persiguiera al pobre

Bacon como una presencia maléfica de la que se liberaba invocando con ella al propio arte, ejecutando variaciones sobre el mismo tema con obsesión recurrente, en las que el monstruo púrpura se desmenuza en todas las posibles pesadillas. En uno de esos ensueños angustiosos hace Bacon dar al papa, con la boca contorneada de morado y una precisa dentadura bovina, tal aullido que parece haberle arrebatado la tapa de los sesos. Ésta literalmente ha volado, no se sabe si succionada de lo alto por alguna fuerza maligna o reventada desde dentro por alguna sorda explosión. Sólo han quedado atrás las dos grandes cuencas negro-carbón de los ojos. Nunca pudo sospechar el patriarca Pamphili que iba a terminar suministrando a la iconografía occidental, junto al *Saturno devorando a sus hijos* quizá, y a través de la pesquisa y la busca de Velázquez, una de las imágenes más desgarradas, la cual precisamente estoy seguro no obedece a ninguna ironía de la historia, sino más bien a la culminación de un destino... Y es que su realidad se nos impone como la de un bisonte de Altamira. Nos conmueve igual, el silencio que convoca en torno a sí nos absorbe igual, es la misma desazón, como si nos aguardara idéntico deslumbramiento en lo hondo de otra cueva oscura. La salita retranqueada donde lo exponen, el *Gabinetto Ottogonale*, actúa de santuario que celosamente guarda un misterio, en el que el tiempo transcurrido equivale al retenido, y todo incomprensiblemente a nuestro alcance. No somos nadie y sin embargo el arte nos otorga el poder de asistir, de contemplar en tiempo real al testigo implacable de una época que ya fue... Se diría que Velázquez nos legó un papa como el mar: en calma pero con la sorda agitación de sus enormes fuerzas contenidas...

Post Scriptum: Los grandes como Velázquez nunca en verdad terminan sus obras (excepto las de los comienzos) porque hacen con un poder indescriptible que las acabemos nosotros, todas las generaciones que le irán a suceder. Fueron otros ayer, somos nosotros hoy y serán los demás mañana quienes en manos de Velázquez ultimemos sus pinturas, desatada nuestra imaginación, alzado nuestro anhelo, y demos espiritualmente a sus manchas sin contornos los toques imperceptibles que les otorgan esa extraña vida, una inefable presencia que las saca del tiempo y hace que las pinturas tuvieran un inicio pero ya no tengan fin. Pues en la gran pintura es más cuestión de dar imagen a lo invisible que a lo visible…

…a Jorge Camacho, in memoriam.

VIII

EL DIOS DE SAN JUAN, ENTRE OTROS

"En nosotros todo se concentra en lo espiritual; nos hemos vuelto pobres para ser ricos."
Hölderlin

Si Dios hubiera, el Universo, entendiendo que sólo haya uno, habría verosímilmente correspondido a una especie de acto cósmico de su voluntad o de su conciencia. Lo que conlleva una idea humanizada de Dios, empeñado en crear, en construir, en levantar, y, sobre todo, en constituirse a sí mismo como voluntad o conciencia. Sin embargo la mística, ese estado diamantino del sentimiento religioso, donde la conciencia de sí parece confundirse o diluirse en una idea imposible de la divinidad, creo que no siente así. Pienso en San Juan de la Cruz, que tras andar de la mano de un Eros intenso y alucinado por una candente senda amorosa, hecha a base de intransigencia, de tenacidad, de disciplina, de ascesis (Brenan), de absoluto radicalismo contemplativo en el que va a ciegas tanteando la noche, el silencio, el vacío, en el que sólo al fondo de un dolor necesario se puede atisbar el espíritu: "para gran luz el padecer tinieblas", o algo que podría considerarse una especie de última verdad: "El sufrimiento más puro lleva consigo el más puro saber", el todo servido "a oscuras y en celada", el carmelita parece al final entregarse a una forma de abandono expresado en violenta antítesis que bordea una aproximada idea de la nada. Habla entonces el desconocimiento esencial de quien concluye más allá de las cosas:

> (…) para venir a poseerlo todo,
> no quieras poseer algo en nada;
> para venir a serlo todo,
> no quieras ser algo en nada;
> para venir a saberlo todo,
> no quieras saber algo en nada;
> (…) para venir a lo que no sabes,
> has de ir por donde no sabes;
> (…) para venir a lo que no eres,
> has de ir por donde no eres.

Son estos sentimientos o consideraciones con los que fue apelado "doctor de la nada". En todo caso, en una vista histórica sobre otras mentes que se mueven en la cercanía de un mismo nivel moral de autoexigencia, las cosas podrían ser como sigue. Sócrates, por ejemplo, aún descontextualizado, se nos hubiera antojado un pálido envés de esta alma extremada. A Montaigne, adelantado de la incredulidad y príncipe del viaje interior, coetáneo y perteneciente sin embargo a una sociedad diametralmente extraña a la del poeta castellano, quizá estos versos le hubieran convulsionado. Y Pessoa, cuyo silencio abarca, como el del santo, la anchura del mundo, despojado asceta también de su propia introspección, da igualmente fe de que todos los espíritus son el espíritu. Ese que no conoce la longitud de los caminos ni la dispersión de la vida: "Nosotros los frailes no viajamos para ver, sino para no ver". Así pues, Dios, desprovisto de un tajo no sólo de cualquier referencia idólatra, sino de toda seña remotamente humana, se nos hace más abstracto que un número, más incierto que la duda, más imposible que la nada, hacia donde justamente tiende a quedar deslocalizado, aun cuando tal proposición constituya un perfecto contrasentido.

Con todo, el Dios del poeta no es un frío teorema, a pesar de su naturaleza hermética, porque le quema verdaderamente en el alma. La verdad es que ese Dios a quien más se asemeja es a su misma poesía, pues no se acaba nunca. Cuando recorre la naturaleza con el paso insobornable de un San Pablo, diríase que de un momento a otro va a formular una suerte de panteísmo, como el de su también coetáneo Giordano Bruno, al cual la Santa Madre Iglesia concedió la desdicha de conocer el infierno antes de morir, pues lo quemó vivo. Llamas que igual la Santa Inquisición acercó demasiado tanto a la persona como a la obra del poeta. Las Parcas de la época lo tenían todo a punto para derribarlo con un definitivo y certero anatema, y excitar así a la historia de España con otro aquelarre, pero una muerte a tiempo lo salvó a él y por tanto a nosotros. Así pues, nos legó un Dios inaudito, inconcebible, prácticamente imposible. El Dios del desconcierto porque es quizá el único que no se puede negar ni afirmar. El que siembra inquietud, el que abre resquicios, el que nos deja expectantes a no se sabe qué… Ese Dios que, a través de la noche, parece que va hacia su nada, o, a lo sumo, hacia su vacío, o, como mínimo, a su ausencia… Aunque, bien pensado, haya por ahí otro Dios que nos derriba del caballo y nos deja tirados por los suelos, como en el Caravaggio, con los brazos abiertos y alzados al asombro. Es el Dios de Messiaen. Por no hablar de otro anterior, bien guardado en el corazón, el de Bach. Dicho todo lo cual, ¿podría concluirse que la poesía es la única fuerza humana capaz de salvar a Dios de su propia muerte? Así pues, si la Matthäus-Passion posee la grandeza necesaria para salir al espacio intergaláctico al encuentro de inimaginables civilizaciones, no es menos cierto que en el *Cuarteto para el fin de los tiempos* late con fuerza una ancestral esperanza, como el misterio más ardiente en la obra de San Juan de la Cruz. ¿Será que Dios se encarna en la poesía?

Con todo, largo es el recorrido de Dios por nuestra cultura. Véase esta muestra de lo que fue el existencialismo ateo, de la cosecha de Sartre: "Dios es una imagen prefabricada del hombre, el hombre multiplicado por el infinito, y, frente a la cual, el hombre debería trabajar para satisfacerla. Por lo tanto se trata siempre de una relación a sí mismo, de una relación a sí mismo absurda, pero inmensa y exigente. Es esta relación que es preciso suprimir, porque no es una verdadera relación a sí mismo. La verdadera relación a sí mismo es a lo que somos y no a lo que hemos construido como vagamente parecido a nosotros." No se puede negar, desde luego, que el espíritu crítico que anima estas palabras recupera buena dosis de aquel Logos antiguo que originó la filosofía. Pero si Dios es una proyección errónea del hombre, lo más factible es que concerniera al Dios estatal, al de la jerarquía eclesiástica, al de la corte absolutista vaticana, al que, en efecto, fácil es moralmente tumbar. Porque el Dios de San Juan, creo, permanece ligado a su propio misterio, a su honda naturaleza indescifrable, a su ignoto anhelo, a su perenne referencia a un más allá interior, en el contexto de una especie de transgresión religiosa. Es por lo que, me parece, el Dios de San Juan sobrepasa los propósitos del filósofo del Barrio Latino. Sería como hablar de cosas diferentes servidas en un mismo significado. Hay también, no obstante, las palabras de Marx, que aunque no incidan en la idea de Dios, sino sobre otra más amplia de religión, golpean de todas formas con la clarividencia justa: "La religión es el suspiro de la criatura oprimida, el calor de un mundo sin corazón, como ella es el espíritu de las condiciones sociales de las cuales el espíritu está excluido." Cierto por lo que hace a la religión como expresión de una sociedad en la que se manifiestan sobre todo las relaciones de poder. Pero Marx, lector ferviente de Cervantes, no parece que se empleara con el mismo ardor en San Juan. Bien es verdad que éste se aleja mucho de sus inquietudes. Con lo que sus palabras, siendo ciertas, creo que no atañen a nuestro poeta. Como tampoco afectan las de los Ellacuría, cuando dicen: "Dios se encarna en los pobres" (y por tanto ellos son la esperanza). Es evidente que la cuestión religiosa no está zanjada, pues en manos de mucha gente da buenas señales de vida. Fehaciente es que la religión en la historia, y con ella servida la idea de Dios, ha sido un útil a recaudo de las castas dominantes. Pues cuando esa misma religión ha querido transmutarse, esto es, convertirse en vía de liberación, ha sido de manera salvaje pasada a cuchillo, a horca, a hoguera, hecha sin contemplaciones *tabula rasa*. La historia de Europa está plagada de esas matanzas. Recuérdense las de cátaros o albigenses en el curso del siglo XIII, las del milenarismo campesino de Thomas Münzer, decapitado por los Príncipes electores alemanes en 1.525, esos mismos que con tanta fidelidad apadrinaron a Lutero en la perspectiva de engrosar sus patrimonios con prodigiosos dominios eclesiásticos. El propio San Juan, por una razón equivalente, estuvo a un trance de serlo. La religión es ciertamente un riesgo si pretende liberar al individuo o ahondar en su espiritualidad. Es el caso de otro religioso coetáneo, Casaldáliga, que desde el Brasil profundo de *los sin tierra*, y refiriéndose al mito fundador de la pobreza de Cristo, dice nombrando otra nada no ontológica y sí absolutamente básica: "No poseer nada, no llevar nada, no pedir nada, y de paso, no matar nada."

Como colofón, y haciendo variaciones, queda aún otra nada que pone broche de hierro, expresión de un materialismo nihilista que da vértigo, que niega a Dios y a su contrario. Dijo su autor a Robespièrre: "Si el ateísmo necesita mártires, que lo diga y mi sangre está dispuesta." Si éste procede, dicho por Artaud, de "extraer de la cultura una fuerza idéntica a la del hambre", el resultado no se hace esperar. Primero sitúa a Dios en el campo malévolo del más cruel dios azteca: "Ser supremo de maldad", lo llama. Para a continuación despejarlo de cualquier horizonte humano con un solo y violento trazo: "Dios es el único error que no puedo perdonar al hombre." Me refiero al gran mártir de la historia de Francia, Sade.

Post scriptum: la paradoja es que sólo lo invisible permanece...

IX

SION Y EUROPA

"Las fotografías no captan las moscas ni el olor blanco y espeso de la muerte."
Jean Genet, sobre las matanzas de Chabra y Chatila.

Israel es la gran excrecencia del desorden impuesto en el mundo por los vencedores de la Segunda Guerra, pues de la derrota de Europa surgió la materialización del Sionismo. Si la fundación es anterior, hasta que el Nazismo no culmina su razón de ser y lleva a cabo, entre otros infiernos, el Holocausto, el Sionismo no adquiere verdadera carta de naturaleza, ya que toma de aquél su legitimación. El solo proyecto vienés de Sión no hubiera logrado levantar Israel (el testimonio de Stefan Zweig es revelador). De ahí que Nazismo y Sionismo vayan paradójicamente en fila, pues la matanza que desata el primero proyecta una secuela de limpieza étnica que fundamenta ampliamente la destrucción y expolio del segundo. No es la única vez que las víctimas se mimetizan en verdugos, en especial si le ponen a tiro un pueblo desarmado y en inferioridad de condiciones sobre el que ejecutar un plan de ocupación colonial en toda regla, según los designios gestados en los centros decisorios del Capital. Este colonialismo sionista viene a recoger el testigo, aun cuando también lo combatiera, de su antecesor inglés, e inmediatamente proclamó su misión de dominio civilizador en nombre de ancestrales valores europeos, cuyos arquetipos redimirían a esa tierra de su secular atraso y fanatismo. Tales fueron, por ejemplo, las proclamas socializantes de los inicios, que pronto se revelaron una falacia, pues la pretensión de casar socialismo y colonialismo es infame, toda vez que el colonialismo sólo puede cimentarse sobre la negación del otro. Sin racismo no hay colonialismo. La prueba fue que toda aquella corriente pionera no se tradujo más que en la aniquilación de la cultura agraria palestina que había configurado aquella región del mundo, tras haber sido anatemizada por su condición relegada, oscura, obsoleta… Tal empresa conllevó la radical desfiguración del territorio colonizado, en el que hubo de disolverse cualquier sesgo identitario de signo geográfico, cultural, histórico, y no se cejó en el empeño hasta obtener un híbrido irreconocible por la misma sociedad palestina que lo alumbró en el tiempo. Recuérdense las palabras llenas de dolor y rabia de Edward Saïd, de Mahmud Darwix. Declarado este último *terrorista internacional* por el hecho de haber publicado su obra poética *Salid de nuestras casas. Salid de nuestras vidas.* Así se las gastan los amos del mundo. Esta acción devastadora, por consiguiente, requirió que la realidad de sustitución, Israel, no pudiera concretizarse sin la voluntad fundadora, la actuación esclarecedora y contundente de sucesivas hornadas de criminales de guerra. Sostiene Ciorán que la Historia es una matanza. No sé por lo que hace a la humanidad global, pero sí desde luego en lo que se refiere de manera nítida y tajante a la implantación a sangre y fuego y posterior brutal despliegue del Estado de

Israel. De estas acciones hay que resaltar una sobremanera mortífera, la del general Sharon, gran factótum guerrero, pertinaz genocida, mentor, estratega y al parecer ejecutor de las matanzas de Chabra y Chatila, quizá la pieza más elaborada del judeo-nazismo rampante. Tal vez y justamente por ello, para gloria de Europa, recibido con honores y fanfarrias en las cancillerías occidentales. Sin dejar en el tintero uno de los racismos más descarnados de la historia colonial, el de Golda Meir, que proclamaba, según la doctrina del nuevo nazismo, que el único palestino bueno era sólo el palestino muerto. Por no hablar de los crímenes masivos ordenados en los ataques al Líbano por Shimon Peres, uno de los adalides entonces de la Internacional Socialista, esa eficaz Papelera de reciclaje. El Estado de Israel, en fin, verdadero Mamón de iniquidades, al que la unción de Yahvé predestinó a desarrollar dos grandes industrias nacionales, la del Holocausto y la de la Guerra, sin las cuales hubiesen perdido en el camino su identidad de *pueblo elegido* (tan próxima a la de *raza elegida* del Nazismo), y nunca hubieran sobrepasado su condición errante… Pero la idiosincrasia sanguinaria de la nueva entidad vino, para despejar su destino, avalada por un cheque en blanco extendido por el gran Capital judío desde su dorada guarida de Wall Street, junto a la garantía ofrecida por la flamante Europa surgida cual ave fénix de aquella otra prescrita, la de la Segunda Guerra, y ya justamente aligerada del peso de viejos valores y libremente entregada a la defensa entusiasta de pujantes intereses financieros propios y foráneos. A no olvidar en esta empresa la riada de Capital que catapulta hacia el estado sionista la República Federal de Alemania, lavándose con ello las manos, la cara y el alma. Al final de la ruta hay la atrocidad del Estado de Israel, al que únicamente la improbable democratización del mundo islámico, (la cual, jugando a aprendiz de brujo y con buena dosis de cinismo, reclama Europa), a comenzar por las monarquías vasallático-petroleras de la península arábica, podría poner contra las cuerdas e inclusive borrar del mapa, aun verosímilmente a expensas de desencadenar el Apocalipsis final, esto es, la Tercera Guerra. A menos que otras fuerzas emergentes se apresuren a crear un imprevisto escenario. Mientras tanto el Estado de Israel insiste, persiste y firma, aniquilando una tierra, Palestina, sojuzgada por la humillación y el terror, incrustado como una puñalada en el seno del mundo islámico con la misión histórica (bíblica dirán ellos) de hacerlo reventar desde dentro.

Así pues, necesario es que a este pueblo no se le vea ni se le oiga. Que se diluya en ese limbo incierto de *árabe* y jamás se reclame palestino. Que encaje bien en su cuello el yugo y la horma de Yahvé, pues a contrario verán los padres en justicia morir a sus hijos, los hijos a sus padres. Que se reconozca de una vez extraño, soterrado, sometido, pidiendo perdón en su propia tierra. Y que no ose rebelarse, luchar. Demandar sus casas, sus cultivos, sus pueblos, sus ciudades. ¿Cómo se atreve a plantar cara a ese designio superior que es la democracia judía? Entenderá entonces que ha de ser eliminado como indeseable, fumigado cual una de las siete plagas de Egipto. Que al fin acepte la muerte lenta o súbita como el ejemplar castigo reservado a esa infrahumanidad que constituye. En sus corazones después de todo no anida más que un anunciado e inminente terrorista… Nunca racismo y colonialismo se habían más descarnadamente mostrado al mundo, ya que sin límites ni condiciones poseen el fiel aval de esta sucursal de Estados Unidos que es la vieja Europa…

Post Scriptum: visitando la Sinagoga Portuguesa de Amsterdam me requieren la puesta sobre mi tonsura del preceptivo gorro judío. Confieso mi dificultad para encasquetármelo, ya que no puedo disociar su significado religioso o cultural de su otro sionista. Accedo, pues de lo contrario me vetan la entrada. El interior es más impresionante de lo que se deja ver por fuera. Es como el vientre de una desaforada ballena con estrados y sitiales de madera en una posición que me desconcierta, ya que ignoro la liturgia hebraica. Me emociona así mismo ver tantos apellidos castellanos estampados en oro y datando del siglo XVII junto a la fundación de la misma sinagoga. Son entonces dos potencias en guerra, un Imperio decadente, el español, contra unas repúblicas emergentes, las Provincias Unidas del Norte. Las familias judeoespañolas que a partir de 1.492, y a través de Portugal, huyen y se exilian en este mundo fuertemente urbanizado son innombrables. Quiero imaginar que el joven Spinoza, antes de su exclusión de la comunidad judía de Amsterdam, deambulara por donde yo ahora andaba. Igualmente tantos nobles personajes que inspiraron y habitaron el mundo tenebrista de Rembrandt. Y toda aquella mañana holandesa de bajos cielos grises anduve preguntándome si es factible diferenciar hoy día Judaísmo y Sionismo. Si esa miserable amalgama decretada por Israel consistente en hacer de todo antisionista un antisemita termina prosperando, quiere decir que peligra el Judaísmo en manos del Estado de Israel. De esas ruines triquiñuelas algo entendemos nosotros, cuando todo antifranquista era por ley natural declarado antiespañol. Me consoló saber que el jefe de la misión de Naciones Unidas que averiguaba *in situ* la carnicería humana perpetrada por el Estado de

Israel en Gaza manifestara la imperiosa necesidad que el mundo entero conociera el horror y exterminio llevados allí a cabo. Pues era un judío de Nueva York…

...a la memoria de Alejandra, la última luchadora.

X

EL ARTE Y LA ETERNIDAD

"Esta necesidad de aturdir la sensación de vacío y de hambre mediante el opio del arte."
Nietzsche

Todo cuanto es rozado por el ala del arte queda ya parpadeando en la luminosa constelación de la eternidad. La revolución fue cuando, gracias al arte, tantos seres depravados o insignificantes descubrieron que ellos también disponían de un lugar reservado en la eternidad, donde iban a convivir con aquellos otros ungidos por el destino para formar parte de una humanidad moralmente superior. Nadie antaño hubiese apostado un duro por la alcahueta Celestina y su desgarrado y feroz materialismo; por el pobre diablo Lázaro, cuya venta de sí mismo ponía al descubierto la cobardía y la crueldad de una sociedad corrupta; por el orondo comeajos Panza, el único que no obstante logra elevarse, contagiado de ideal, sobre su propia ramplonería. Todos ellos alumbran como arquetipos en la quietud de lo imperecedero. Así mismo, recuerdo indeleble dejan los niños tiñosos de Murillo, esa harapienta humanidad incesantemente interpelándonos, en las antípodas de la bobería complaciente de la mayoría de sus postreras inmaculadas; el recio y severo Aguador de Sevilla y su inconmensurable cántaro de barro cocido, para siempre esa mancha de humedad desvelando la misteriosa vida contenida en tres gotas de agua; las viejas desdentadas, hechas a base de certeros y oscuros trazos, en la noche sin fin de los aquelarres de Goya; o la soledad de la hermosa Suzon, la tierna camarera del Folies-Bergère: envuelta en la ensoñación y la ausencia, miedo da aproximarse a ella no fuera a romperse el velo transparente que la aísla del resto del mundo... Y ello por no hablar de la terrible galería de monstruas que nos legó Picasso. Tal las del prostíbulo de la calle de Avignon, en Barcelona, cuyas dos mujeres situadas a la derecha de la composición alcanzan cotas de pesadilla. Sólo un artista en trance, visionario, puede plasmar esas figuras poseídas de una realidad desconocida, pertenecientes a un mundo que irrumpe dando pavor. Pero son, con todo, prostitutas inmortalizadas... La antiquísima función de la Grecia antigua le fue asignada hoy al arte: la de crear una nueva raza de inmortales. Pero éstos no ya formando parte de una minoría selecta que se mueve con grandes gestos, como corresponde a una humanidad heroica. Los inmortales del arte constituyen una verdadera sociedad abierta y democrática, pues ninguno nació de antemano con la aureola de los elegidos. Todos echaron a andar por el territorio del arte, y las edades venideras los fueron señalando sin distinción de origen. Es así que un día veamos aparecer por un recodo de la calle, a la luz de un chorro de gas gimiente, "envuelto en una nube de humo de carbón y vapores de grasa frita", a Stephen Dedalus. Con absoluta legitimidad pueden seguirle a corta distancia Héctor y Príamo, llevados en andas por el esplendor guerrero de su gloria homérica. Y hasta sea posible que de lejos finalmente aparezca Leopold Bloom, vulgar y prosaico, pero todos habitando y debiéndoles el ser a la epopeya del arte… La misma que nos concedió la serie sensual de las tornasoladas carnes flamencas de las mujeres de Rubens. Es un alivio pensar que Elena Forment, desnuda y a la vista de todos, en un círculo que triplica su imagen como en un juego de espejos, viva ya su eterna y dorada primavera en el Prado. Como serenos y monumentales se hicieron los hábitos de los frailes de Zurbarán, telas impasibles con la clara y poderosa volumetría de las tallas de madera que requería la religiosidad andaluza. Un mundo en calma, sin accidentes ni contingencias, la utopía del arte haya quizá sido el mayor sueño mantenido a lo largo de la trayectoria humana. Pero inclusive en los momentos en que el arte se echa literalmente a la calle, precario, incierto, envuelto en el mismo cruel destino de una muchedumbre que se venga de la historia, puede hallar su momento de eternidad. Hablo de ese dibujo a vuelapluma que ejecuta David cortando el aire al paso de Marie-Antoinette camino del cadalso. El artista es uno más en medio de la multitud agitada. La reina es un espectro camino de la guillotina. Su perfil se ha vuelto una silueta desencajada donde parece que el mismo terror la ha despojado de su antigua cabellera. No hay truculencia porque la tragedia pasa con sordina. Ya no ve, ya no oye, ya no respira, sólo es la muerte. Y todo dicho con una economía de trazos casi inhumana. Al igual que en Altamira y en Lascaux, imposible expresar más con menos… Pero hubo una voz que creyó de derecho romper ese beneplácito, la de Duchamp. Siempre desvelando la cara oculta de la Luna, alguien precisamente que no quiso tener voz, estableció claro y sin mediar teoría alguna el equívoco del arte entendido como la más acérrima incredulidad en la religión del arte. Prácticamente nos dejó sin historia del arte. Prefirió en su lugar descargarse de todo y ejecutar así una ingrávida pirueta en el vacío. Resulta en efecto sano derribar a los héroes de sus pedestales, pero ya inquieta disolver el infierno de los malditos, o la convicción de los insobornables, como Greco, Rembrandt, Van Gogh, Cezanne... Que la mano contraria de Duchamp no abra las puertas al menos a los impostores...

XI

SAN CARLINO

"Lo divergente, pues, siempre converge", dicen las más vehementes de estas Musas (jónicas).
Platón. *Sofista*

Borromini no requiere dorados ni golpes de efecto. Cultiva, eso sí, la paradoja, y se complace en ella, pero nada más por el momento. También renuncia a las fantasías escénicas que dan los mármoles ribeteados de cálidos colores como hacía su rival Bernini. No envuelve sus muros en ropajes que vayan a maquillarlos o embellecerlos porque en verdad se trata de una arquitectura severa, casi despojada, donde resaltan sobremanera las líneas de fuerza y los combates de curvas, con una idea de acción muy activa centrada en el experimento y la busca, quizá desenvuelta con cierta dosis de dramatismo al igual que en su querido Miguel-Ángel. La síntesis general origina un impulso de conjunto orgánico tan intenso que se diría va a dilatarse y contraerse el habitáculo elíptico como el desaforado corazón de un animal imposible.

El día anterior había visitado el Palazzo Barberini y al siguiente culminado la altura de la Vía delle Quattro Fontane en la intersección con la Via Venti Settembre, una encrucijada de privilegio si no fuera porque el tránsito rodado la violenta y ennegrece. Y allí me aguardaba San Carlino como un plausible trasunto de la felicidad. Las cosas que se han enteramente urdido en el eco cruzado de los sueños después se hacen improbables en el mundo sin concesiones de la realidad. A cada ida y venida que atravesaba en el autobús urbano la zona baja de la Piazza Barberini rememoraba que en la cumbre de la calle empinada se hallaba San Carlo alle Quattro Fontane, pero su vista había decidido guardarla para el final, preservándome así una última alegría. Y hasta entonces esa arquitectura que bien sabía dónde hallarla se me representaba como la dorada posibilidad de la ínsula cervantina. De modo que cuando al fin la tuve en frente la sensación de espejismo no se disipó, antes bien se estimuló con otra equivalente de incredulidad o inverosimilitud. Su presencia fue como el irrumpir de las primeras luces tras la brumosa somnolencia de una larga noche de viaje. Y a un palmo tenía por fin una de esas superficies alabeadas de Borromini, donde un movimiento sin tregua ansía recoger la curva del universo o el cambio incesante de la vida. Era así mismo sorprendente que allí permanecieran las cuatro barrocas fuentes esquinadas casi literalmente dándose la mano. Verdad es que ya sólo constituían un seco escenario, pues el consistorio romano, a saber por qué, las apagó. Pero si volvieran a brotar sería el mismo rumor de la existencia diaria el que habitara otra vez aquella sublime encrucijada. Y más sorprendente aún que el diminuto convento me hubiese estado aguardando más de trescientos años, siempre alentado por la misma orden religiosa española de los Trinitarios Descalzos, fundamentados en la austeridad y alejados tanto del viejo boato papal como de la política de espectáculo continuo perpetrada durante el reinado de Wojtyla. Todo ello inscribía el conjunto, como diría Braudel, "en la larga duración", lo que le otorgaba otro valor añadido, el de palpitar en la corriente continua que subyace al fondo de la historia. Pero decididamente no había previsto lo reducido de aquel cuatrocaminos, y menos aún que en esas pequeñas dimensiones acertara Borromini a definir un lenguaje grandioso y a la vez perfectamente ajeno a toda retórica grandilocuente. Los romanos sin embargo, prescindiendo del gran efecto de obra excelsa, se atienen a lo íntimo explícito en sus mínimas dimensiones, y la nombran San Carlino. "Para Borromini la construcción es el producto de un único impulso que va desde la planta al último detalle ornamental" (Argan). En ese movimiento general también hay que inscribir la fachada, que, aunque póstuma, posee la intensidad expresiva del artista. En esta fachada, en efecto, acaba el lombardo con la tradición de los planos paralelos conjuntados y crea una doble sinuosidad que da la ondulación de un estandarte batido por el viento. Este giro cóncavo y convexo rompe naturalmente la hilera regular y monótona de la Via Venti Settembre. Aun cuando tengamos entonces a la vista, a tan solo unos pasos, la preciosa joya de su rival Bernini, Sant' Andrea delle Quirinale. No obstante la fachada se contrapone a la vida interior del edificio, pues no se conectan el cuerpo y el rostro de la iglesia, no hay traspaso de fuerzas como en las grandes catedrales góticas de Francia, sino que se establece una ruptura más o menos consentida… Hablo así porque, como quedó dicho, es póstuma. Una prueba de lo que digo es que actúa de mampara que oculta la cúpula. Pero a esa onda de enorme densidad no obstante le falta aire. No respira porque lo exiguo del entorno arrebata dinamismo a su ansiosa ondulación. Sólo hay alguna perspectiva por la esquina achaflanada de la fuente, donde el templo despliega una mirada cruzada hacia la proa enfrentada de la calle. Así que ha de llevarse a cabo un ejercicio de apertura mental y atribuirle libremente el espacio-luz que le falta. Pienso en el *parvis* que se extiende a los pies de las iglesias de Francia y les otorga la respiración que requieren. El cuerpo del recinto conventual, además, se desborda por la línea de fuga de la calle. A tal punto la estrechura de la vía lo constriñe que las escalas onduladas de la portada se desparraman en colada de lava por el mismo borde de la acera, donde a su vez eclosiona la terrible agresión del tráfico urbano. Desde luego que bien merece este enclave espiritual liberarse de cualquier servidumbre moderna, en especial si ésta provoca la usura del travertino de la fachada.

Cuando traspaso el portal de entrada me hallo como la estatua de sal de la maldición bíblica, pero no de mirar hacia atrás, sino de verme de golpe inmerso en una concavidad espacial modelada con la misma libertad que si el artista hubiera tenido en sus manos una pella de barro. Son muros que a la vez se comprimen y se agitan en un incesante movimiento ascendente. "Impulsar hacia arriba el óvolo con la imagen o la reliquia que rompe la coronación del edificio y lo cierra con un extraño y elegantísimo apogeo." dice de nuevo Argan. La celebración de la misa ya iniciada, el oficiante, uno de esos padres blancos de la antigua orden trinitaria española, es un hombre aun joven, el volumen de su cabeza poseyendo la dignidad de un busto clásico guardado en los museos capitolinos, sus gestos minuciosos llevados a cabo con precisa elegancia, los timbres graves de su voz prodigando por la megafonía de la iglesia una dicción italiana impecable, pronunciada con el esmero de quien verdaderamente ama su lengua. La fuga de curvas que dilataba el aire por los ábsides hacia la cúpula y la linterna distribuía uniformemente su voz por cada pliegue del comprimido espacio. Yo, a pesar de mi incredulidad, percibo un cierto soplo del espíritu. Y así como la arquitectura no se explayaba en colores ni efectos especiales, tampoco el oficio religioso se auxiliaba de ninguna música instrumental o coral. Todo sucedía desnudo, como ansiando recuperar una verdad originaria. Yendo antes hacia el lugar creía que me iba a encontrar a solas en él, o a lo sumo con otros viajeros que acudiesen atraídos por la lección de arquitectura, pero ahora veía que era más legítimo disfrutar de aquellas formas que claman cuando en ellas acontecía la función para las que fueron concebidas. Así bullían mejor y desvelaban con más propiedad su ser. Tras de mí prosiguen otras personas su entrada y el pequeño templo rebosa ya de fieles.

El contraste del denso recinto borrominiano con el de la grandilocuencia expansiva de la mayoría de las iglesias romanas es violento, pues en aquél la milenaria religión oficial de Bajo Imperio quiere asemejarse a un viejo corazón que lucha por volver a palpitar. He ido rindiendo homenaje estos días a esas inmensas moles papales, cardenalicias, jesuíticas, proyectadas con los mismos principios constructivos y la misma idea de riqueza y poder que antaño poseyeron las grandes termas imperiales, y las he hallado deshabitadas del calor de las muchedumbres para las que fueron destinadas. En uno de esos paradigmas, Sant' Andrea della Valle, apenas unas hileras de bancos a los pies del presbiterio dejan tras sí y a los lados enormes superficies vacías. Desperdigados visitantes, empedernidos caminantes de Roma, transitan entre absortos y fatigados las naves desiertas de estos soberbios templos de la remota Iglesia

Triunfante. También en el Bajo Imperio las masas hicieron defección de los cultos oficiales, dieron la espalda a los viejos santuarios y dejaron morir en el frío del olvido sus antiguas deidades. Pero hoy esta compacta asamblea se mueve con esa certera pasión por lo invisible que tantas veces ha encendido el corazón del hombre. También en la Antigüedad tardía los cultos con más adictos tuvieron igualmente lugar en la intimidad de pequeños reductos de salvación como fueron los templos de Isis o Mithra.

De la misma manera habla el sacerdote de salvación en esos momentos y el muro interior que nos envuelve y cobija suscita en nosotros la misma inquietud del religioso. Pues no se trata de una arquitectura para ver sino para sentir, donde tales muros que se dirían esculpidos son recorridos por una ondulación continua y las columnas que los articulan no interrumpen ese flujo alabeado. En esa unidad orgánica el entablamento, de la misma guisa, es una línea sinuosa que abarca y rodea sin ningún lapsus (Blunt). Sin embargo, en absoluto se impone la fantasía o el capricho porque la razón que fundamenta este movimiento continuo no es otra que la de una severa geometría. O dicho igual: "Borromini no permitió nunca que su originalidad se convirtiera en capricho. Tras la fantasía de la forma siempre puede apreciarse una base geométrica" (Blunt). No es casual que el mayor seguidor que tenga Borromini en cualquier época, Guarino Guarini, fuera matemático de formación. Así pues, las formas se disgregan y concentran sin tregua, y en su interior el espacio se despliega con un extraño impulso que lo dilata por sus curvas en un inusitado juego de contrarios. Pues la obra de nuestro hijo de Saturno es escultural en el sentido a lo que el arte y el mundo han sido después de Einstein, al pasar de un espacio homogéneo y armónico a otro conflictivo y dinámico, y en él la forma naturalmente se hace energía. Creo que ya antes lo vio Heráclito, el cual, según Heidegger, en absoluto habla de movimiento continuo como de una incesante inestabilidad o de un cambio que nos arrastra a un destino de disolución. Más bien, al igual que Borromini, ansía la totalidad, sólo que ésta no es acabada y estática. Por el contrario la busca en el envés, yendo siempre de un opuesto a otro, inmersa en una especie de agitación antagonista. Entiendo que ese impulso de contrarios es el que desentraña la obra de Borromini, y que ésa es la comprometida lección que nos deja en herencia. Pero dice igualmente Heráclito: "uno es todo", y aquí puede vislumbrarse el sentido inverso que sigue su pensamiento en la obra de Borromini cuando la flexibilidad de las paredes se engarza con las líneas sinuosas que horizontalmente las recorren a través de quiméricos espacios cóncavos excavados, así como en esas otras fuerzas tectónicas verticales que, atravesando recortadas secciones de círculo, crean una gran marea de conjunto, de la raíz a la cima, donde la luz de la linterna concluye finalmente tantas divergencias…

Desde que llegué me mantengo de pie ligeramente recostado en el muro, cuando a un golpe de vista me aguarda un palmo aproximado de asiento en el extremo derecho de la última bancada, y la apetencia del descanso me gana en un instante. Al irme a sentar un difuso magnetismo me atrae por la izquierda. Es la inverosímil presencia de una muchacha en flor que sigue con hermosa convicción las incidencias del oficio religioso. Vuelve repentina y tenuemente la mirada hacia quien de pronto ha caído a su lado. De la manera como desciende su mirada, creo que ha barruntado que soy alguien de paso, presumible extranjero. Por la insistencia con que una y otra vez alzo la vista a la cúpula estoy seguro que ya ha comprendido que no soy de los suyos y que hasta el lugar me llevaron otros intereses. Ahí le hubiera explicado que las razones que me condujeron al sitio eran tan legítimas como las suyas, pero a pesar de que mi brazo izquierdo rozaba materialmente su derecho, un duro velo tejido de silencio cortaba en dos el aire, y me limito ya a seguir la pista de sus acompañantes: un chaval imberbe con los caracteres del hermano menor y un señor de buena talla y plateada cabellera, de contenida elegancia y aire paternal. Los contornos burgueses de sus figuras se perfilan por igual en los tres, aunque sin rasgos de afectación pues se les ve resueltos con la carga moral de sus creencias. Pienso entonces en el bienestar que debe frecuentarles, cuando a una posición consolidada le sigue un mundo de firmes certidumbres que vienen justo a reafirmar el estatus de sus vidas. En ese lapso, a un leve ademán del oficiante, la comunidad de creyentes entona un cántico que realza aún más la movilidad de las líneas sinuosas de la estancia. Se iluminan al momento las facciones de la muchacha en flor, que parece despertar súbitamente de su recogimiento y deja traslucir en sus notas al aire un timbre de voz tan cristalino como el de la vibración del agua en la circunferencia de una fuente. El pequeño cantor a su izquierda ladea ligeramente la cabeza hacia atrás, y al quedarse sin fuelle en los tonos agudos dibuja en su rostro el esfuerzo de los niños situados en el primer plano de la Cantoría de Luca della Robbia. Antes hubo la comunión, lo que puso a la asamblea en marcha hacia el altar. Salen a la luz entonces y revelan todo su esplendor las formas plenas de la ninfa, y es el apogeo de una *ragazza* romana revestida con los atributos de una antigua vestal. Su cabello castaño algo desgreñado, sus ropas sencillas pero caras, su claro paso de danza que alternan sus piernas enfundadas en blanco, su concentración manifiesta en actitud recogida, se me antojaba bajo aquella luz cenital tocada por la gracia de una bailarina de Degas. Cuando emprende el giro lateral de regreso a nuestro común escaño sus pasos se hacen más libres, desenvueltos en un espacio más diáfano, y su anhelante cuerpo viene hacia mí breve como el aire. Pero el momento al pronto se deshace en mis ojos porque al tenue contraluz no he podido retener los inciertos contornos de su imagen. Cuando mis largas piernas le impiden el acceso, atino a levantarme de golpe y a percibir a su paso la fragancia de la brisa que levanta su rostro. Queda acto seguido ensimismada con las manos entrelazadas en su regazo, y en su fervor me sorprende que haya distraídamente cruzado las piernas. Pero así, con su soberbio torso pulcramente enhiesto, el cabal volumen de su cabeza escuetamente inclinado hacia delante, y a pesar de la relatividad de su posición, se diría imbuida de la calma y la claridad de una deidad sedente. Los cánticos han finalizado y el tiempo de la celebración llama a su fin. Yo quisiera a la desesperada guardar algo de ella antes que todo se desvanezca. Un olor quizá, que es lo que más impregna la memoria. Hubiera anhelado, por ejemplo, un vaho a jazmín, pero ni estirando mi olfato hasta la distorsión llego a captar nada. A no ser los vapores confundidos a incienso y vino dulce que provienen del altar, el aire cautivo, ya usado, respirado y vuelto a respirar, de aquella congregación de fieles en el ambiente clausurado de la estancia. Tampoco su indumentaria resalta, excepto las medias blancas que dan un aire esculpido a sus piernas. Es evidente que se puso lo sucinto para ir a cumplir con el día del Señor y que a éste no le agradan perfumes mundanos ni atavíos relucientes. Así que el sacerdote inicia la ceremonia de los adioses instando a los fieles a desearse fraternalmente la paz. Ella se vuelve hacia mí, me mira limpiamente por única vez, y extendiéndome su mano como el mayor don me dirige una sola palabra: "Pace". Apenas alcanzo a percibir el tacto de su mano que se ofrece a la mía como una tierna promesa y a responder a su gesto con un trémulo hilo de voz: "Pace, signorina". Su palabra tuvo la vida de un oráculo, y con la satisfacción del deber cumplido se encaminó junto a los suyos hacia el marco de luz de la puerta. Aún la pude otear en el rellano del templo adentrándose en el pleno resplandor del mediodía romano. La pequeña iglesia se fue vaciando y en su creciente soledad los últimos ruidos retumbaban con eco. Diligentes trinitarios aparecen entre bastidores apagando luces y haciendo refulgir en el presbiterio plateados jarrones de lirios blancos. Creo que soy el último en abandonar el recinto. Ya antes de flanquear la salida me oprime la certeza de no ir a ver nunca más la muchacha en flor, y mi garganta se reseca con ese gusto amargo que hace cundir el desaliento. Cuando a veces se desvelan esos instantes de belleza que inopinadamente posee la vida, queda inmediatamente atrás un vestigio de absoluta irrealidad, y quizá la utopía de Borromini culminó mejor su ser al dejar fugaz la chica en flor esa estela de espejismo…

XII

UNA CLARA LUZ VELAZQUEÑA

"El caíd y sus hombres llegaron casi sin lucha hasta la Casa de Campo y desde allí se les lanzó al asalto por sorpresa de la Ciudad Universitaria. Desde las colinas en que se atrincheraron se divisaba el panorama de Madrid a una clara luz velazqueña."
Manuel Chaves Nogales, *A sangre y fuego*

Mi iniciación a Velázquez fue de manera imperceptible y hasta cierto punto secreta, pues en la salita de la casa familiar en Trigueros colgaban de la pared trazada a eje con el balcón principal varias reproducciones de obras emblemáticas tanto de Velázquez como de Goya. Eran de pequeño formato estampadas en una especie de hule a todo color y enmarcadas en negro con fino ribete interior dorado. Del flemático pintor sevillano figuraban el Cuadro de las Lanzas y Las Meninas en posición central ligeramente alzada, y como montando guardia de honor a los lados, algo más rebajados, dos cartones destinados a tapices del gran sordo aragonés, La Siega y Las Cacharreras. En plena España del Caudillaje ese mínimo y doméstico Prado infantil me fue creando, sin que jamás lo percibiera, una suerte de nebulosa conciencia patria. Yo naturalmente no poseía nociones de pintura ni de arte ni de nada que se le pareciera, y sin embargo detectaba en la trastienda de España, tras la estrella rutilante del Caudillo, el nuevo pastor lusitano Viriato que comandó la primera rebelión peninsular contra Roma, la reencarnación nacional del Cid Campeador, esos nombres de Velázquez y Goya que revoloteaban en silencio como murciélagos en la noche, con sus épicas escenas de erguidos-orgullosos hidalgos y rubias infantas, de montones de paja bañados por una luz de oro y delicados cacharros cerámicos expuestos en el suelo, contrastados al paso de un soberbio y reluciente negro carruaje. En la escuela nos adoctrinaban con un pasado mítico amasado en la enjundia de los Reyes Católicos, el recio escudo del Yugo y las Flechas, el noble granito con que se levantaron firmes El Escorial y El Valle de los Caídos, y después desfilábamos, nos hacían desfilar inasequibles al desaliento por aquel patio de tierra batida con chinorros, envueltos los niños sin misericordia por nubarrones de polvo sucio que me arrancaban la tos y me dejaban en el cabello peinado y vuelto a peinar con tanto esmero por mi madre una macilenta película blanquecina... Pero a la vuelta del colegio me encontraba siempre en casa los cuadritos que representaban tanto la vida de un pueblo confiado y feliz como la de esos españoles de antaño tan distantes, imbuidos de su altiva dignidad, referentes de grandeza que no obstante quedaban desplazados del escenario con honda perspectiva captado por el mismo Chaves Nogales: "Mientras él y los demás huéspedes del hotel dormían soñando un paraíso de desfiles marciales, jornales bajos, rentas altas, procesiones y fiestas a la raza,". Cuando ya mucho más tarde y con conocimiento de causa frecuentaba el Prado, al llegar al esplendor de Velázquez y a la serie de los cartones de Goya experimentaba una extraña sensación de vuelta a casa, aun cuando me sobresaltara el inusitado tamaño de los cuadros que ya no me eran abarcables ni familiares y que por esa razón se me antojaban a pesar de todo y en cierta medida ajenos... Era como si aquellos cuadritos hubiesen crecido lejos del niño y alcanzado esas enormes dimensiones de respeto con las que se mostraban a la muchedumbre de visitantes...

La segunda vez que Velázquez se cruzó en mi destino fue en las postrimerías de un mes de Julio allá por Holanda, a primeros quizá de los setenta, aún vivo y coleando el Caudillaje, en que mi amigo José-María y yo durante las vacaciones estivales de la Fábrica de Tabacos nos plantamos en Haarlem, invitados por un holandés nada errante y sí muy allegado a su familia de Gines. De regreso al Sur, a fin de aquel mes, arribamos a Breda, donde mi empeño se centraba en rememorar el ambiente de la batalla del Cuadro de las Lanzas. Ya llevaba en la mente bien plantada la opinión de que jamás se había mejor llevado a la pintura el ambiente sulfuroso y el aire incierto de un paisaje después de la batalla. Entonces me vino a la memoria una incidencia que se había del todo diluido, y era cuando en el internado de curas el profesor de dibujo, ante nuestra insistencia por manejar la regleta de forma indiscriminada, sentenciaba con aire sacerdotal: "Recuerden que Velázquez jamás usó una regleta para pintar el Cuadro de las Lanzas". A mí lo que me henchía el corazón y hasta me encendía el espíritu de patriotismo era ver cómo Velázquez constituía referencia de cara a una posible gesta de estirpe española. No es que yo mirara ahora hacia atrás con embeleso, volviera la vista con nostalgia a una temeraria e incongruente aventura imperial que nos dejó material y moralmente exangües, pero aun conmueve contemplar esos hidalgos altaneros dramáticamente contrastados con la sociedad tan disminuida y deprimida que no mucho después fuimos. El hecho es que el resto de nuestra aventura por Breda discurrió entre el aburrimiento y la nada, pues en mi supina ignorancia daba por concluido que Velázquez tranquilamente se fue a Breda para pintar La rendición de Breda… Yo le decía a mi paciente amigo después de asomarnos varias veces a las distintas afueras de la implacablemente llana ciudad: "Pero no puede ser, ¿dónde está el profundo valle del cuadro? ¿dónde se halla esa diáfana transparencia que todo lo envuelve en la pintura…?" Era lo más contrario a aquel cielo gris-plomo que de tan bajo parecía que alcanzábamos a tocarlo. A la vuelta al solar familiar me ruboricé cuando averigüé que Velázquez nunca se movió de Madrid para pintar su obra, que tras empaparse de todas las incidencias de la milicia en el último glorioso hecho de armas del Imperio nada menos que a través de Ambrosio de Spínola, el jefe supremo de aquellos Tercios, el que magnánimamente impide una humillación en la entrega de las llaves de la ciudad a Justino de Nassau, apenas se desplazó a la más hermosa colina de las estribaciones del Guadarrama, la posterior extensión de la Ciudad Universitaria, para, oteando desde la sublime plataforma, divisar a sus pies el valle donde una clara luz velazqueña hace surgir entre columnas de humo la soñada ciudad de Breda… Y recordaba el friso del primer plano con el énfasis puesto en las figuras cuya presencia se imponía con la naturalidad de lo espontáneo y donde aun quedaba lo mejor reservado para una grandiosa atmósfera plena de respiración. Al final se extendía el horizonte que expresaba una infinita dilatación dorada… Así que avergonzado me volví a Madrid en un tren nocturno llamado El Rápido, que empleaba doce horas en efectuar el trayecto. Aquella misma mañana, duchado pero no repuesto del castigo ferroviario, ya me encontraba en la atalaya, ocupada de antaño por una institución cultural francesa nominada justamente Casa de Velázquez. Y aunque más tarde inquiriera que esa privilegiada posición fuera en la batalla de Madrid tomada por las fuerzas facinerosas de la oligarquía facho-clerical, infligiendo dolor y muerte a la causa de la República, la espléndida terraza, con todo, ofrecía su generosa sombra, que se proyectaba para bien recrear la vista y el espíritu. Inclusive entré en el edificio y me entrevisté con su director de entonces, Monsieur François Chévalier, que me recibió con depurada cortesía. Así fue como transcurrió mi aprendizaje del Cuadro de las Lanzas…

El tercero y por ahora último cruce de Velázquez con mi destino ocurrió más tarde, ya perdida la fresca umbría de la Fábrica de Tabacos, caído en parte, o al menos en apariencia, el Caudillaje, y vino en una ocasión en que me vi a solas con Las Meninas. Acababa el Prado de abrir sus puertas y aun la invasión diaria no había irrumpido. Era además la época en que la infanta Margarita y sus damas de compañía, meninas en portugués, fueron situadas en sala aparte, confrontadas a un enorme espejo con efecto de pared reflectante, de manera que si daba media vuelta y miraba hacia atrás me descubría al instante atrapado entre la pintura y su prolongación o reflejo, justamente la ficción, la busca incesante que casi obsesionó al artista. Succionado entonces, perdido, inmerso en el destartalado salón del viejo Alcázar de Madrid, frente a la monolítica e inquebrantable etiqueta cortesana de los Habsburgo donde las ataduras ceremoniales nunca se relajaban, junto a la crueldad deforme de la enana Maribárbola con su hueca expresión de esfinge, intimidado de no ir a mancillar la majestuosa calma volumétrica del gran mastín velazqueño, intemporal y siempre fresca la tierna sonrisa de la casi transparente infanta, todas las miradas imperturbables y fijas en la inaccesible quietud de la escena palaciega, y yo allí un impostor con el pasmo más prolongado de mi vida… Era como si en un instante se hubiera desvanecido mi espacio y me viera caído del cielo formando parte imposible de una desaforada quimera. Aquello era insostenible, me ganaba una desazón que subía como un hervor del estómago a la garganta, y, tal la película de Buñuel, me embargaba por momentos la sensación de no ser capaz de abandonar el sitio, de no alcanzar a salir a respirar fuera… Menos mal que por el quicio de la puerta del lado del espejo entró de improviso una pareja de extranjeros asomando retraídamente sus cabezas. Volviéndome por mi izquierda miré hacia ellos y ahí se deshizo ese clima ingrávido y sin aire que de golpe colmó la sala. Yo corrí a tomar asiento en la larga bancada de la galería contigua… Y ya pasado el trance recordaba al Matrimonio Arnolfini, de Jan van Eyck, que Velázquez apuraría hasta la última gota, pues en su época aún no había sido expoliado y trasladado a Londres porque resplandecía como una de las joyas de la corona en las colecciones reales españolas. En el singular espejo cóncavo que cuelga de la pared del fondo en la estancia donde Giovanni Arnolfini muestra a su esposa en el centro del más pulcro y ordenado bienestar burgués ya se atisba algo de la silueta del pintor de la escena, de la misma manera que las efigies de los reyes se reproducen en los fríos reflejos plateados del otro espejo de Las Meninas. La busca que inició Van Eyck tras el juego de realidades y apariencias que desatan los espejos la culminaba ahora Velázquez , pero de manera tan imprevista, abierta, desafiante, inquietante, que hizo exclamar dos siglos después (igual que dos días después) a un viajero francés, Théophile Gautier, "¿Pero dónde está el cuadro?" Pues si nos empleamos en echar las cuentas de todas las miradas que nos observan desde la pintura, a comenzar por la del mismo Velázquez, nos quedamos desestabilizados. Ya que la cotidiana escena palaciega que de pronto se congeló en el tiempo no se nos ofrece como un escaparate, como una vitrina, a nuestra contemplación, porque son ellos quienes nos contemplan primero, y desde luego pueden más que nosotros. Creo que si pasáramos todo el rato cruzando miradas nunca llegaríamos a una conclusión solvente ni siquiera aproximada. Lo que más bien barrunto es que Velázquez, en el colmo de lo que significa la inteligencia humana (ya lo dijo Foucault), lo que hizo fue llegar a un final de trayecto, arribar a la Estación Terminus de la figuración realista, que consiste en integrar el espacio, y por tanto el tiempo , en el ámbito de la pintura. Ésta ya no ocupa un lugar en el espacio y en el tiempo porque los asume, los asimila al interior de sí misma. Ella es todos los espacios y todos los tiempos donde la planten. Y desde luego jamás los personajes nos van a parecer disfrazados porque habitan su espacio y su tiempo como nosotros el nuestro, sólo que ellos y nosotros nos encontramos ya imbricados en una sola corriente circular o elíptica. Por eso infunde un poco de vértigo la pintura. Es lo que en el fondo quería decir aquello de que "en Las Meninas Velázquez pintó el aire". Por supuesto, y el aire naturalmente lo respiramos y nos envuelve a todos, y es lo que en la ficción más clarividente de la historia de la humanidad sucede en Las Meninas, justo ese aire compartido… Pero ya hubo precedentes ensayos transgresores del espacio pictórico, Tiziano y otros, que intentaban sobrepasar el marco de la ventana que era un cuadro haciendo, por ejemplo, que un inopinado brazo revestido de brocados se desparramara en trampantojo, como queriendo sobrepasar el ámbito interior del retrato y llegar al de fuera, al del espectador. En realidad no hacían más que incrementar su dosis de realismo. Pero ya no se trataba de un intento, de una investigación, de una busca, sino de establecer de una vez por todas, con absoluta parsimonia, con perfecto dominio, y sobre todo con esa naturalidad que encumbra a los grandes por la que las cosas surgen como por generación espontánea, que la pintura era capaz de integrar todos los mundos y dejar de ofrecerse a ellos desde un pasado cada vez más remoto... Lo más claro en todo caso es que Las Meninas requieren volver a estar solas. Han de vivir de nuevo su aventura integradora del mundo que las confronta en soledad, o mejor dicho, en nuestra compañía. Necesitan de nuestro espacio y nuestro tiempo, como de los que nos precedieron y nos continuarán. Al revés que un faraón egipcio, ellas viven su particular eternidad en la contingencia diaria de lo que pasa mientras que son ellas mismas las que permanecen, asumiendo incesantemente el cambio de la vida sin alteraciones propias . Por ello no basta que figuren en serie junto a las otras obras del artista, porque así únicamente podrá apreciarse su unidad orgánica o estilística y no la ficción vital que con incontinencia late en ellas. Inclusive la figuración solitaria de Inocencio X, que sí habita aislado en aquella salita retranqueada del palacio Doria-Pamphili frente a la pobre figura de su busto incomprensiblemente ejecutado sin alma ni aliento por Bernini, inclusive la vida pictórica del jerarca, digo, demanda esa exclusividad para bien establecer el "vis-à-vis", el "tête-à-tête", y ello únicamente para que esa íntima confrontación con el purpurado eclesiástico sea verídica, efectiva y deje huella, para que opere en plenitud todo su misterio... Una ficción sin embargo y por lo tanto, diría un leguleyo pretendiendo marcar los límites o la inconsistencia de la pintura. Por supuesto, pues si pegáramos la nariz al lienzo (yo jamás lo hice pero sí los restauradores especializados), no percibiríamos más que la enorme superficie profusamente impregnada, sin orden ni concierto, de pastosas manchas cromáticas. Pero en cuanto diéramos unos pasos atrás iría por momentos tomando cuerpo el inverosímil milagro del arte, ese que, a pesar de su fragilidad, tiene la misión de durar frente al desvanecimiento de lo que somos, la gran ficción que a la postre se revela como la única con posibilidades de desbrozar o desentrañar o desvelar esa otra ficción o ensoñación o entelequia mayor que es la vida…

Post-Scriptum: con retraso me llega la noticia que en el dicho viejo Alcázar nuestro cuadro llevó igualmente vida aparte en sala privativa. Ya está expresado que a tal situación ha de volver para recuperar la que legítimamente es su razón, aun cuando haya de solicitarse lejana y difícil cita al Prado e hipotéticamente tantos y tantos visitantes al final se lo pierdan. Pues, aunque no venda decirlo, ésta menos que ninguna no es pintura de masas…

… a Eduardo Pellicer, el último hidalgo en La Habana.

XIII

EGMONT

La vez primera que estuve en la Grande Place de Bruselas me asaltó de golpe una imprevista aparición: la placa conmemorativa que indica sobre un pequeño estrado el lugar donde fue ajusticiado el Conde de Egmont, víctima, según reza, "de la intolerancia española". Ya era bien conocido el hecho histórico pero nunca me pregunté dónde sucedió y desde luego lo que menos iba a suponer era que de improviso me fuera a surgir en aquel mundano y refinado paraje, aun cuando también supiera que los ajusticiamientos eran penas ejemplares que demandaban el refrendo social en un buen espacio receptor de muchedumbres. En todo caso sí era evidente que la espléndida decoración de hoy día no sería la de entonces. Igualmente la localización del cadalso estaría más centrada en el gran rectángulo de la plaza, precisado su efecto o impacto escenográfico. Pero si recorriéramos con la mente las áreas bien abiertas de Europa, hoy cargadas generalmente de buen urbanismo, que sirvieron de emplazamiento a la ejemplaridad de la muerte, nos quedaríamos estupefactos. Hay sin embargo excepciones en cuanto a las extensas superficies buscadas si consideramos la hasta cierto punto recoleta plaza romana de Campo dei Fiori en que fue quemado vivo el sorprendente e insobornable monje Giordano Bruno, cuyo manifiesto panteísmo atacó frontalmente a la fortaleza dogmática de la Iglesia Católica. Aniquilado por otra intolerancia absolutista, la de la Inquisición papal, el trágico suceso acaeció en una fecha redonda, el año 1.600, y atrás dejaron el imperecedero testimonio de su estatua encapuchada , hoy señera en un bullente y abigarrado mercado popular. Pero nunca me llegó la noticia de que aquella muerte convulsionara a la Europa antedicha, dividida como el agua y el aceite en dos bandos, el católico y el protestante, como antaño sí conmovió la desconcertante decapitación, y por tanto más cruenta, del Conde de Egmont. Hay que tener presente que a Giordano Bruno le arrebataron su estatus social al condenarlo al fuego temporal y eterno por herejía (tal si hoy fuera anatemizado terrorista), mientras que Egmont entra de inmediato en la leyenda y en el colectivo imaginario como héroe en rebelión contra la opresión española en los Países Bajos. Tampoco sus muertes fueron coetáneas, ya que el noble flamenco cayó bajo el hacha del verdugo con anterioridad, en 1.588. Yo siempre me representé al conde subiendo las escalas al encuentro de la muerte, llevado por los graves arrebatados de una soñada orquesta, poniendo punto final a la vida de quien asume un dramático destino, como sus no tan universales pero congéneres antecesores, los comuneros Juan de Padilla, Juan Bravo y Francisco Maldonado. Justamente tanto el aristócrata del norte como nuestros dignos mesetarios castellanos enfrentados y arrasados por el mismo absolutismo de los Habsburgo, padre e hijo, que dilapidaban la herencia de los Reyes Católicos en ese espejismo vertiginoso de la España Imperial...

La paradoja sin embargo radicaba en que el conde de Egmont pertenecía a la élite que colabora e interviene en el poder de los Países Bajos. Era de pleno derecho un cortesano, un allegado a Carlos V y muy próximo a otro personaje aún más encumbrado, Guillermo de Orange, dicho el Taciturno, también finalmente perseguido pero logrado escabullir de las imponderables garras de Felipe II. Ellos propugnan la negociación y el consenso en el excéntrico y destartalado gobierno de la herencia borgoñona de los Habsburgo. Dominios éstos que verosímilmente se hubiesen algo vertebrado si descendencia hubiera habido de la unión contra natura de Felipe II con su deslucida y desventurada tía María Tudor. Esa plausible conjetura hubiese otorgado un tercer pilar, el inédito poder que conectara Londres y Amsterdam, en el diseño general de familiar predominio sobre Europa. Entramado que de buen seguro habría deshecho Felipe II en su obcecación de poder y pensamiento únicos radicados en la centralidad castellana. Hay razonablemente el vislumbre de que en esa nueva estructura hubiesen holgadamente encontrado su espacio la concepción y el protagonismo de los nobles flamencos, tal como ya había acontecido en la idea más abierta de gobierno, de aproximado sesgo erasmista, llevada a cabo por Carlos V. Así se consolida en un mundo de impecable cultura urbana y ascendencia mayoritariamente protestante un rígido poder proveniente del sur católico que hace de la espada y la cruz sus más firmes baluartes. Las consecuencias no se harían esperar y serían catastróficas, abriendo una herida que perennemente sangre. Una política obcecada que sólo podía conducir directamente y desde muy lejos a la ruina. Y justo los primeros síntomas de esa hecatombe, ya vislumbrada en la larga duración, se anuncian en el ajusticiamiento del conde de Egmont. La cólera de Dios viene esta vez encarnada por el tercer Duque de Alba, quien magnánimamente debe a Tiziano su ponderada quizá pertenencia a la eternidad. El mismo que en un verdadero paseo militar se anexionaría más tarde Portugal. Don Fernando Álvarez de Toledo ha recibido esmerada educación a la hora de su tiempo, pero es a la vieja usanza castellano de una sola pieza y previsiblemente por ello no entiende las sutilezas de la gran política, ese inestable y amoral juego de intereses y equilibrios acuñado hacía bien poco en la sublime y corrupta Italia renacentista. Su Tribunal de los Tumultos siempre me sugirió, salvando enormes distancias, el Tribunal de Orden Público del Caudillaje. De esa cerril idea y ejercicio del poder, junto a sus terribles consecuencias, hace triste mención la placa conmemorativa de la Grande Place de Bruselas. Y con ello se entra en el meollo de la cuestión, en el ser o no ser del recorrido o destino histórico de un pueblo o sociedad o nación española. Se parte de una premisa más bien halagüeña: Felipe II es el rey más trabajador, austero, abnegado, cartujo se diría, de la historia de España. Su *minimalista* dormitorio del Escorial llama la atención. Ya se sabe no obstante que la Leyenda Negra levantada al alimón por Guillermo de Orange y Antonio Pérez, su huido secretario de antecedentes conversos, habla de otras cosas. Él en definitiva no hace más que ejecutar a marcha y martillo el gran diseño de política dinástica heredado de su padre, y para ello dispone de los recursos adicionales tanto de Castilla, a la que dejará exangüe, como de las rentas provenientes de las Indias, que en galeones atlánticos hacen transitar riadas de plata. Fueron éstas de tal magnitud que se las considera la primera gran acumulación capitalista de la historia de Europa (en realidad del mundo). Todo inútil pues su imperio carece de estructura productiva. Es una desaforada maquinaria dispensadora de una desbocada política de guerra continua, con la obligación familiar y estratégica de atender suplementariamente las necesidades de los primos de Viena. Siete bancarrotas sucesivas sumó en todo lo alto el empecinado monarca. Fue éste en conjunto el panorama y horizonte únicos con matices de los cinco Austrias reinantes. El aislado intento reformista de Olivares pronto cae en barrena y desata una crisis mayor, la de la década de 1640, anunciadora del derrumbe final. Y el modelo, efectivamente, se desplomó no mucho después, colapsado por su propio peso cual una ballena varada. Dejando arrumbado en el camino, y es lo más trágico, la posibilidad o perspectiva de haber arribado al embrión de un futuro estado nacional, tal como fue el caso, por ejemplo, de Francia.

Pero queda aún por dilucidar la sombra personal, torva, alargada, tenebrosa, con la que se conjeturaría que el mismo monarca se envuelve, la que da pábulo a Verdi para componer en clave romántica *Don Carlo*. Es ese espíritu clausurado el que otorga licencia al duque de Alba para arrasar en los Países Bajos y alzar la lección del castigo ejemplar al conde de Egmont. Política a la postre suicida que actúa contra la proyección europea de su misma dinastía. Corrige después a contracorriente, pero preso de su propia ideología se diría que lo hace sin clara estrategia. Vemos así que su enorme poder está incesantemente volviéndose contra él mismo, al tiempo que su mente hermética cree con convicción en el valor moral de la muerte. En el momento histórico en que Europa se abre a esa cultura en verdadero estado de gracia que es el Renacimiento italiano, que resalta la acción cruzada de la luz y la armonía, que sueña con escuchar en el inmenso azul la música del universo, él opta por un viejo hombre caído en desgracia por el efecto contundente y aniquilador del pecado. Su afición al Bosco iba en esa dirección, y hoy disfrutamos en el Prado de ese desconcertante pintor que a nosotros se nos antoja surrealista. Así hasta arribar a su obra cumbre, la terrible plasmación arquitectónica de su ser, la que ya en sí misma originó una de aquellas infaustas siete bancarrotas, el monasterio-cementerio del Escorial. No puede ser que en la aurora europea de la apertura y la busca, del nuevo impulso vital antropocéntrico, de la expansión espiritual hacia las formas que querían recuperar el legado de Grecia y Roma, un rey obtuso y su maestro de obras decidieran dar la espalda a todo eso y levantar en la escarpada soledad de las laderas del Guadarrama un gigantesco cuartel con vocación de tumba y monasterio. Yo la última vez que fui al Escorial lo hice en el cercanías de Chamartín, de manera que tras encajarme en el hotel ya se había hecho el atardecer y sólo alcancé a deambular por la recia y rocosa explanada sobre la que corren a tiralíneas las monótonas e insistentes horizontales de severas y despojadas ventanas cuarteleras. ¿Cómo es posible tanta negación y tanta renuncia? ¿Cómo pueden volcarse los mayores recursos entonces de la tierra en erigir incólume la más inexpugnable y granítica fortaleza de la Fe? ¿Habría de gritarse quizá a su vista aquello de "!Santiago y cierra España!"? ¿Cómo se entiende que su mismo padre mandara levantar en La Alhambra esa preciosa joya que guardada en el corazón trajo su arquitecto de Italia? Y sin embargo el estilo que hizo escuela por la dura geografía de la sufrida España no fue el Palacio de Carlos V en la Alhambra sino El Escorial de Felipe II en el Guadarrama. Esas cubiertas a dos aguas y chapiteles con aguja de ascendencia austríaca enfundados en tejas de pizarra amasadas en plomo que oteamos desde los trenes que atraviesan la Meseta son ajenos y contrarios al paisaje y al clima de España, en especial de la alta llanura castellana, pero los hicimos nuestros mientras olvidábamos la otra invención mediterránea que rebosa belleza y cuya utopía geométrica aun nos conmueve. El Caudillaje sería aún, de manera inopinada y extemporánea, el último régimen en reivindicar y propagar el estilo escurialense como quintaesencia tanto de un destino imperial como de la proverbial y viril austeridad española… Sabido de otro lado es que el primer Borbón, Felipe V, duque de Anjou, antes que la más absoluta demencia lo anulara por completo, dejó férreamente prescrito que en el Escorial jamás lo enterraran. A tal efecto estableció su última morada en la soberbia iglesia de ese luminoso enclave dieciochesco tendido a los pies de los imponentes montes de Valsaín que es el Palacio de la Granja… De vuelta al hotel todavía se divisaban en la penumbra y en una cota rebajada del terreno las inquietantes siluetas de la siniestra mole. Dan grima, acongojado quiere uno mirar para otra parte. No es que su interior aloje un cementerio, habitual en tantos sitios reales de Europa provistos de panteones dinásticos, es que la misma fábrica constituye un monumento erigido a la idea de la muerte. Al día siguiente recorrí su hermosa biblioteca, pero en la basílica volví a experimentar la misma o más intensa desazón y escalofrío. Únicamente en esas terrazas ajardinadas que asoman al alto e infinito horizonte mesetario por donde se desparrama sin sentido el norte de Madrid respira uno algo de aquella alegría u optimismo humanista que tan bien marcaron la impronta de una época. Soy por lo demás un habitante natural de todas las iglesias y templos de todas las religiones del mundo a pesar de mi ateísmo (o quizá precisamente por ello), y en casi todas hallé algún atavismo. No creo en ninguna religión pero en todos sus recintos me sentí bien o al menos descansé y satisfice mi curiosidad. Hasta llegar al Escorial y a la inhóspita y opresiva penumbra de su basílica donde se diría que la muerte te requiere…

Era bien de suponer que este personaje Habsburgo sólo concibiera la política de mano dura a la hora de aplastar la rebelión de sus súbditos en los Países Bajos, y para ello contaba con la espada siempre pronta a desenvainar de su fiel soldado Alba, cabeza visible del partido de los halcones en sus restringidos círculos de gobierno. Y la cima de aquella espiral de *intolerancia* fue la envilecida decapitación del noble flamenco.

Pero el sacrificio de Egmont aun no había hallado su verdadera dimensión. Siendo un acontecimiento histórico plenamente enmarcado en el contexto de un absolutismo que reacciona sin concesiones ante sus enemigos históricos, podía haber quedado inserto en una extensa serie de hechos brutales donde su misma cantidad termina igualándolos o neutralizándolos entre ellos. Una sociedad lo puede también elevar al estatus de héroe y levantarle estatuas en la plaza pública, aunque a veces la posteridad se encargue de derribarlas. En otras ocasiones sin embargo es una nueva idea de la historia la que salva a personajes proscritos. Me sorprendió en este sentido descubrir en Ferrara el gesto petrificado de un fiero predicador dominico erigido en justicia a uno de sus hijos, Girolamo Savonarola, monje de viejo cuño igualmente quemado vivo en una plaza pública, la de Florencia, en 1.498, pero esta vez no por una fuerza religiosa sino civil, ya que el fraile no sólo condenó el paganismo de la nueva cultura, sino con mayor ahínco aún la corrupción moral imperante en los círculos de poder de los Medicis. En absoluto es el caso de nuestro conde, que de no haber sido por su ajusticiamiento sólo hubiese destacado por sus privilegios y contactos reales en las convulsiones de una época, pues a éste, en efecto, aún le aguardaba, gracias al arte, un sitial reservado en la nómina de los inmortales. Ha sido el siglo XIX el que más personajes de antaño ha rescatado, tanto del liberalismo político como del romanticismo cultural, y sacado a la luz pública como héroes de un modelo de identidad social. En los códigos de ese tiempo también fue Egmont expresamente llevado de la mano del arte hacia la constelación de la eternidad. Hoy su nombre ya se inscribió en la larga duración y hasta se hizo intemporal. Y fue Beethoven, el gran sordo de Bonn, que en la bóveda de su silencio debió oír la música de las estrellas, el que con el soplo de un dios le otorgó la belleza que perennemente refulge en su Obertura...

...a Juanjo Pimentel Leo y Antonio Figueredo Manrique, los últimos médicos humanistas.

XIV

LOPE DE AGUIRRE, LA UTOPÍA DEL PODER

"Aquí la lengua no nombra las mismas cosas ni las mismas pasiones, aquí verdad y mentira parecen tejidas con otra sustancia, aquí todavía el mundo lo gobiernan los sueños, si no las pesadillas; el oro está más lleno de promesas y arrastra más hombres incautos a la muerte; nada logra volverse costumbre, la sorpresa es el hábito, y cada día trae un sabor mezclado de frustración y de milagro."
William Ospina "Ursúa"

A los tres meses y tres días de partir la segunda expedición amazónica al mando de Pedro de Ursúa, miembro de la pequeña nobleza navarra, anteriormente fundador de Pamplona en el Nuevo Reino de Granada, y encontrar éste un abrupto final a sus días en la embocadura de dicha empresa, comenzamos a hallar unos expedicionarios espantados ante la perspectiva de su propia muerte, progresivamente devorados por una vertiginosa huida hacia adelante a través de las infinitas aguas del Gran Río. Pero la salida al descubrimiento del Dorado arrancaba con todos los parabienes del poder colonial, pues venía avalada por el virrey del Perú, Don Andrés Hurtado de Mendoza, perteneciente como había de ser a la alta nobleza castellana. Hay sin embargo con la irrupción de la primera muerte una sospecha general de que a esos hombres les va ganando el ansia de irse bebiendo la vida a grandes tragos, a "dentelladas secas y calientes", y esa turbia fuerza motriz los irá arrojando a una oscura espiral de violencia cuyo relato aún hoy estremece. Pronto uno de ellos, Aguirre, verdadero ángel exterminador, sólo se representa mentalmente un océano que divide, que separa, que aleja, que definitivamente fija las distancias entre dos mundos que no se tocan, el del rey y el de ellos mismos, los hombres del desatino en la selva, los excluidos, las víctimas españolas de la conquista de América, ya que las propiciatorias eran las masas amerindias. Si para el vascongado ellos no eran más que un producto del exilio, un tropel de pobres diablos que saltaron al Nuevo Mundo a probar fortuna, a forjarse un destino de monolíticos hidalgos, figuras coloniales poseedoras de indios y vastos latifundios, especie de señores feudales al fin en una nueva tierra de promisión, según "la arcaica organización social de una nación de cruzados" (John Elliott), se podría decir, ahora pretendían fundar una sociedad y una cultura excluyentes, integradoras no obstante de los esclavos negros con quienes iban a dar batalla al rey, "más de mil negros de Panamá(…) A esos negros les daremos libertad y armas y caeremos con ellos y otros sobre el Perú". Y como sea que a todo suceso histórico hay que hallarle su larga duración, sospecharía uno que en la gestación de su enfrentamiento con el sistema colonial interviene la ira de esas *razas o leyes* sociales proscritas en la formación y encaje de *lo español* como fueron judíos y moros. Pero nada hay de tal cosa, ya que apela sin cesar a su condición de hijo-dalgo vascongado. Aunque su expulsión de la gesta conquistadora, arrojado al infierno de la locura, tal como obsesivamente se empeña en decretar tanto la crónica como la historiografía oficial, por supuesto no dilucida al personaje. Más bien es el aventurero inasible, siempre transgresor de límites, en una tierra de nadie, que no preconiza la independencia sino la rebelión total contra Dios y el rey, que cabalga por fronteras permeándose entre la revolución y la revuelta...

Con todo, ya fue ésa la política con clara perspectiva establecida y mantenida por la administración colonial en, al menos, esos largos inicios de asentamiento y fijación del poder real que constituyen la primera centuria: la de no permitir jamás que en aquel otro mundo se erigiera ninguna nueva casa (casta) nobiliaria ni cualquier clase de poder autónomo que amparado en la inmensa lejanía y en legendarios botines de guerra tuviera la tentación de abandonar la pirámide jerárquica que de España, grabada a fuego, traían consigo. La lucha contra la consolidación de la encomienda como poder hereditario va en esa dirección. Lo inimaginable era que esa acción equiparable a una herejía la terminara ejecutando no un conquistador, como en parte sucedió, sino un don nadie, un hombre invisible en aquella ebullición innominada que era la incipiente sociedad colonial. Pero dentro del orden de Dios y del Rey ya había un antecesor en esas lides del equinoccio, Francisco de Orellana, el fundador en 1.538 de Santiago de Guayaquil, que tres años más tarde se internaba hacia lo ignoto por la gran jungla fluvial. La previsión colonial nos dejó una Relación de ese viaje debida a Fray Gaspar de Carvajal, igualmente expedicionario y fino observador de aquel medio inaudito. A señalar aquí que ese hermoso afán, tan antiguo, tan romano, de rendir culto a la memoria con la palabra escrita es lo que alumbró, junto a razones menos nobles, la Crónica de Indias. Y a fines de agosto de 1.542 avistan y se adentran por ese mar interior donde se pierde la mirada que es la desembocadura del Amazonas. Arriba a la Península Ibérica y en 1.545 regresa para emprender a contramano el camino inverso del Atlántico al Perú, penetrando la Tierra Firme por la tortuosa y desaforada cuenca del Gran Río. Ahora lo hace con sonoro título de Gobernador de esos inmensos territorios selváticos nominados en adelante Nueva Andalucía. Pero la vuelta que había de ratificar su descubrimiento y otorgarle nuevo estatus en las lejanas Indias es un fracaso, pues la enfermedad lo arrebata y lo hace sucumbir ya a fines de 1.546. De manera que la ruta al Dorado otra vez quedaba expedita ante un próximo postor que sería, con más hombres y bagajes, Pedro de Ursúa.

De buen seguro que en el mundo helénico le hubiese prevenido de abordar esa incierta aventura el Oráculo de Delfos. Pero en este tardío mundo lejanamente medieval hispánico solo cabía encomendarse a los santos tutelares y partir a la buena de Dios con los avales del rey. Así que en 1.560 se inicia otra vez desde el Perú la segunda aventura equinoccial a la busca del Dorado, del País de la Canela, y en el trayecto irían sacrificando sus vidas cual ofrendas debidas a los dioses ocultos de aquellas altas quimeras. Pero es ésta una partida mayor pues consta, junto a otros pertrechos, de un grueso de trescientos hombres y siete bergantines, "ya que el bergantín para ellos, más que una nave, era el símbolo de nuestra alianza mágica con las divinidades del río." (W. Ospina). Esta cita literaria despeja la senda para entender cómo esa cultura amerindia fue de pronto dislocada, esos dioses de la noche a la mañana en abandono derribados por tierra, un universo inmutable de un golpe deshecho por el envite brutal del hombre europeo. Y allá proseguía ese ejército fluvial deslizándose lentamente por las aguas de aquel infierno verde con el sigilo quizá de los demonios de la selva… Pero en el seno de la tripulación, conforme se navegaba hacia la incertidumbre, reinaba una inquietud de muy otro signo. El tercer jefe expedicionario irá recibiendo el título anulador de "Aguirre el loco". Y éste a su vez ensalzará a los sublevados, cada vez más reducidos por el crimen que se abre paso por una especie de razón de futuro estado en rebelión, con la apelación combatiente de "marañones", cuyos últimos supervivientes serán denominados sin más contemplaciones "manada de locos". En julio de 1.561 han finalizado, por fin, la travesía amazónica y han tomado posesión de la antigua isla perlífera, ya esquilmada, de Margarita, donde implantan un régimen de terror. Y a fines de octubre del mismo año sobreviene el último acto de la más genuina tragedia, que no matanza, de la América colonial: la muerte de Lope de Aguirre, que ya previo había sacrificado a su hija Elvira para esquivarla de las garras, tanto de la codicia como de la venganza, ajenas. Aunque en una representación de ópera se nos hubiera antojado, remontando al cielo por las empinadas escalas de una imponente pirámide, la ofrenda idónea que iría a aplacar la sed incesante de un dios azteca...

Pero la cultura ancestral en aquella soñada meseta del Dorado era la "muexca" o muisca, cuya repentina aniquilación histórica verosímilmente la representa de nuevo el novelista W. Ospina: "El reino muisca, diezmado por la guerra, por los trabajos y por los suicidios en masa, ya estaba fragmentado en encomiendas, de modo que donde antes hubo jefes con diademas de plumas y mantos de colores administrando para todos los dones del sol y de la luna, dialogando con el suelo fecundo y con la laguna donde viven las voces, ahora había un señor de casco de acero y cerco de mastines exigiendo tributos." Me referían igualmente en Cuba cómo los aborígenes taínos supervivientes en el área de la bahía de La Habana fueron llevados a la colina de Guanabacoa, recluidos no sé si en una pequeña reserva india o en un más recogido campo de concentración, donde, ya sin tierras, sin dioses, sin destino, reducidos a sombras sin rostros, sin nombres ni palabras, los iban dejando morir en la desolación de quienes ya sólo aguardaban la muerte. Esto algo desdice el rancio discurso oficial del régimen español en plaza que para adornar los dispendios del Quinto Centenario se sacó de la manga el postizo escenario surgido en una Arcadia feliz, el del "encuentro" de las culturas amerindias y europea… Con todo, tampoco habla tanto de la intrínseca maldad de los españoles cuanto de la brutalidad e inhumanidad de un sistema colonial cimentado en arcaicos valores de conquista territorial provenientes por línea directa del mundo medieval. Volvía a sonar la hora de los guerreros de antaño que ahora procedían con la avaricia desmedida del mundo moderno. A esos naturales había que hacerlos producir sin límites como a moros sometidos, con la salvedad de que aquellos desdichados ni siquiera eran infieles como los andalusíes sino, menos aún, unos "desprovistos de alma," según dictaminó el teólogo de Salamanca Ginés de Sepúlveda contra el que polemizó el Padre Las Casas. Así prosigue el mismo autor: "cada domingo santos clérigos daban gracias a Dios porque al fin había oficio para los miles de indios que se habían quedado sin tierra y sin destino." La Iglesia Católica, en efecto, era el gran puntal de aquella desbocada maquinaria bélico-colonial, que paradójicamente en nada resultaba onerosa al fisco real, ya que se retroalimentaba a sí misma y crecía con los propios réditos, a veces en oro, de la conquista. Dice el bien cuerdo Lope de Aguirre: "Reniego del rey incapaz y cobarde que vive entre engaños mientras nosotros perdemos la vida y el decoro en estas tierras ignoradas por él." Más adelante remata: "No hay putas entre los indios. ¿Y saben vuesas mercedes por qué? Pues porque tampoco hay curas." Un anticlericalismo tan rotundo en tiempos tan precoces y en latitudes tan inconcebibles como las de un remoto, y sin embargo hostil, paraíso terrenal, es inconcebible. Imagina esta otra escena clerical en la jungla Ramón-J. Sender: "Era muy gustoso para Lope de Aguirre oírles cantar *Super flumina Babilonis* a dos voces sin acompañamiento de música y con un fondo de papagayos y de monos de la selva." Aquella América, en efecto, "aparecía como una invención más, incorporada junto con la pólvora, la imprenta, el papel y la brújula al bullente nacimiento de la Edad Moderna." (Eduardo Galeano) Sin embargo, para aquella raza de aguerridos, la meta, la idea fija, la suerte de pensamiento único de la época, no era tanto el alumbramiento de ninguna modernidad cuanto el agotamiento hasta la extenuación de "las rentas" de las Indias. Ellos, los recién llegados a los nuevos reinos, habían dejado en Castilla una sociedad de rentistas corriendo tras los valores asociados de la posesión de la tierra y los títulos nobiliarios, dilapidando en ostentación e inmovilizando así los capitales del sistema. Con la fuerza de las armas aguardaban a erigirse en una nueva casta privilegiada, la de los encomenderos, cuyo poder y dominio se anclaban en una doble posesión de la tierra y de una esclavitud encubierta que hacía las veces de nuevos siervos de la gleba. Un modelo de explotación colonial, como se ve, bastante disparatado si se tiene presente que con tan caduca ideología andaban supuestamente en América inaugurando el mundo moderno. Dice aquí Céspedes del Castillo: "la sociedad hispana no se trasplanta a Indias con sus rangos intactos, sino que se rejuvenece y recrea en Ultramar sobre la base de un aseñoramiento general de los plebeyos y una relativa igualación de todos los españoles al nivel de cierta especie de hidalguía, diferente, sin embargo, de la peninsular." Así que, para aquellos otros que no fueron rozados por el ala de la fortuna en el gran reparto del botín, el sistema colonial no era más que un engranaje de exclusión u opresión. Ese es el contexto que explica al personaje Aguirre. Él se rebela contra un orden que no le abre posibilidades, que lo deja sin espacio, que lo reduce a nada porque en el Perú del que procede se vio quizá con menos entidad o reconocimiento social que en su Vascongada de origen. Ese salto al vacío que consistía en lanzarse a la mar océana apostándolo todo a una sola carta únicamente era para elevarse en la escala social, para subir de estamento y sólidamente cimentarse en la propiedad y en la riqueza. Lope de Aguirre no es un loco sino un desesperado que inserta una verdadera bomba en los parámetros de la Crónica de Indias. Él actúa por contumacia, a sabiendas de que o revienta el sistema colonial español del imperio atlántico o por un abismo se desliza en un tránsito a la nada. No obstante, si en él se entreveran, se solapan, las mallas de la locura, ocurre igual que en toda rebelión o revolución que se radicaliza. En verdad, tras las vertiginosas conquistas de Méjico y el Perú ya todo era posible. Muy bien sabía él que en el mismo Perú con anterioridad unos 40.000 guerreros se habían movilizado en su totalidad, de los cuales unos 2.000, los que cabían en la plaza mayor de Cajamarca, se batieron en caótica retirada frente a unos 200 españoles auténticamente poseídos por las furias. Que en gran medida la otra gran conquista, la de Méjico, se efectuó a base de operaciones comando, concebidas por la intuición, arrojo, clarividencia y crueldad de Cortés. Bien era cierto que ya no parecían quedar más imperios en los que dar espectaculares golpes de mano, y la prueba de ello era la abortada conquista de Chile (G. Baudot). Aun así, ¿por qué no podía él con su tropa de marañones, refuerzos de libertos negros y cuantos otros desposeídos españoles se fueran sumando obrar verosímilmente el milagro?

Aunque tal oportunidad, esa suerte de presunción de conjetura, se la niega la historiografía oficial. Aguirre es el maldito, el enemigo a batir. Recuerdo que en mi época el personaje no evocaba pavor sino desprecio. Pues la Fábrica de Tabacos de aquel Caudillaje tardío era certeramente *reserva espiritual de Occidente* en la que se prodigaba una especie inmovilista, arcana, resistente, sobre todo endogámica, la de los *eruditos a la violeta*, y *Aguirre el loco* venía a negar (o poner en evidencia) muy especialmente "la labor evangelizadora de España en América", tal como aun hoy reza el mármol conmemorativo en un rincón retranqueado a la entrada del Archivo de Indias. Inclusive no se reconocía el término, bastante objetivo, de *colonia*, sin el cual ni puede uno barajarse en la historia de América. De manera que aquella sólida Fábrica de Tabacos constituía en verdad una simpar fábrica de esencias. Manejaban así el oficio de supervivencia que ejerció en el Perú, *domador de potros*, para implícitamente descalificarlo. Era como si nos dieran a entender que nada bueno se podía aguardar de un simple domador de potros, máxime si sobre ello actuaba además su natural inclinación a la locura. No hacían más que cogerlo con pinzas para no salpicarse y aislarlo cual un virus para alejar cualquier posible contaminación. Simplemente lo descontextualizaban, pues tal humilde menester no desdecía a un español en la era de la conquista, una época aún de emergencias hasta tanto no se consolidaba el pesado modelo colonial de ocupación del territorio. Él andaría esperando que le surgiera una oportunidad, porque era evidente que no iba uno a quemar las naves de sus raíces, su familia, su tierra y llegar hasta aquellas Indias para mantenerse en los estratos sociales más bajos. Y lo más sorprendente fue que la misma administración colonial encargara una Relación de aquella desventura y desgracia, en lugar de borrarla del recuerdo, procediendo como antaño el Senado de Roma a una *damnatio memoriae*. Los *oidores* de la Audiencia dominicana formulan la petición a un tal Francisco Vázquez, superviviente de la masacre y por tanto antiguo *marañón*. En su "Jornada de Omagua y Dorado" (Crónica de Lope de Aguirre, el Peregrino) éste sin cesar resalta los tintes crueles del personaje a la vez que no repara en levantar fiel testimonio de su implacable rebelión. Nos legó de viva voz el rastro continuado de su palabra, y ésta es demoledora. Tras el asesinato de Ursúa y puesto en su lugar un previsible hombre de paja en la persona del sevillano Fernando de Guzmán, nos relata el cronista: "y que para hacer esto era menester que se desnaturasen de los reinos de España, y negasen el vasallaje que debían al rey D. Felipe, y que él desde allí decía que no le conoscía ni le había visto, ni quería ni le tenía por rey,". Recuerda el pasaje al similar acto de desnaturalización que emprenden los súbditos del mismo rey en los Países Bajos, romper los lazos medievales de vasallaje, para, franqueado ese paso decisivo, iniciar ellos su propia rebelión. Pero el mismo cronista no ve en Aguirre al loco sino al tirano. Es éste el apelativo ininterrumpido quizá más ajustado a los hechos históricos. También incide en ese mismo rasgo la cinematografía moderna, pues Werner Herzog, en su *Aguirre, la cólera de Dios*, deja entrever su temor obsesivo por un poder omnímodo que se gesta violentamente, con las reminiscencias nazis que para él conllevaría como hombre alemán, a pesar del escenario selvático y las absolutas distancias en tiempo histórico. Finalmente, apuntala el cronista su Relación con la "Carta del Tirano", que Lope de Aguirre redacta en Valencia, Venezuela, y que envía a Su Majestad a través de la Audiencia real de Santo Domingo. He aquí algunos pasajes: "Bien creo, excelentísimo Rey y Señor, aunque para mí y mis compañeros no has sido tal, sino cruel e ingrato a los buenos servicios como has recibido de nosotros;". "Mira, mira, Rey español, que no seas cruel a tus vasallos, ni ingrato, pues estando tu padre y tú en los reinos de Castilla, sin ninguna zozobra, te han dado tus vasallos, a costa de su sangre y hacienda, tantos reinos y señoríos como en estas partes tienes." Desde luego que no fue ningún prócer de la independencia, pero ya él vislumbró que aquello era otro mundo bien ajeno que no había de supeditarse a ningún poder europeo. Sobre los frailes: "Si quieres saber la vida que por acá tienen, es entender en mercaderías, procurar y adquirir bienes temporales, vender los Sacramentos de la Iglesia por prescio; enemigos de pobres, incaritativos, ambiciosos, glotones y soberbios; de manera que, por mínimo que sea un fraile, pretende mandar y gobernar todas estas tierras." Como se ve, ningún atisbo de locura sino bien al contrario. De los oidores de Audiencias, piezas claves en el engranaje colonial, no deja uno con cabeza: "tienen cada un año cuatro mil pesos de salario y ocho mil de costa, y al cabo de tres años tienen cada uno sesenta mil pesos ahorrados, y heredamientos y posesiones; (…) mas, por nuestros pecados, quieren que do quiera que los topemos, nos hinquemos de rodillas y los adoremos como a Nabucodonosor;" Para ir terminando, la última palabra expresada con la grandeza del derrotado, una confesión de ateísmo y materialismo inaudita en una sociedad y en un tiempo aun impregnados de Medioevo: "Si yo tengo de morir desbaratado en esta Gobernación de Venezuela, ni creo en la fe de Dios, ni en la secta de Mahoma, ni Lutero, ni gentilidad, y tengo que no hay más de nacer y morir." Lope de Aguirre no levantó ningún baluarte de locura sino de rebelión total, y el personaje, desde luego, no se acaba nunca. Por esa razón su testimonio arrasador aun pervive…

…a Cuba, sin cuya Revolución hoy sería otro Puerto Rico.

XV
FIN DE RÉGIMEN

"un homme né roi, (…) élevé dans la tradition idiote de la royauté."
Jules Michelet

Entre los escombros por derribo de la Segunda República se prodigó la felonía de tantos republicanos de probado pedigrí progresista que no obstante abrazaron con arrobo las virtudes conciliadoras no ya de una arrumbada monarquía cuanto de un recién horneado *juancarlismo*. Sólo se admitió de la noche a la mañana la complaciente vista de un flamante horizonte democrático superador de ancestrales rencillas y fratricidas enfrentamientos donde la República aparecía relegada al fondo del baúl de los recuerdos, una vez éstos convenientemente desactivados por una buena dosis de traición. Los muñidores de aquel pacto post-Caudillaje escamotearon así en la implantación del nuevo régimen cualquier consulta previa dirigida a una sociedad rehén de precocinados acuerdos en la cumbre, de manera que la inexorable vuelta de la realeza fuera presentada como el rompeolas necesario frente a la tradición y pasión cainitas alumbradoras de recurrentes guerras civiles. Todos, desde los cachorros del Caudillaje hasta los sabuesos de la legitimidad republicana, de inmediato ésta vendida en puja a precio de saldo, procedieron con celeridad a ocupar la lengua por asalto, de forma que el nuevo régimen no pasaría a llamarse Segunda Restauración Borbónica, como justo hubiera sido, sino la Democracia, cual si del final de la historia de España se tratara. La verdad sin embargo era que cuarenta y siete años después se reiniciaba el segundo capítulo de aquel otro proscrito y con gloria dejado atrás en 1.931: el inefable regreso de los Borbones. Pero si en la primera Restauración pocos los reclamaron, en esta segunda nadie lo hizo, aunque ellos siempre se terminaran colando requeridos por idénticos intereses oligárquicos. Arguyeron entonces los más conspicuos cerebros de la confabulación que una testa coronada era hecho irrelevante (a lo sumo liviano tributo a pagar) toda vez se asentaban al fin las libertades públicas. Había además que no perder de vista a los ínclitos espadones armando a la greña ruidos de sables si se persistía en la funesta manía de pensar que desencadenó la disgregación de la República. De modo que disciplinados obedientes habíamos de permanecer tranquilos y sortear de puntillas los muertos de la Transición, celebrando y corroborando el augurio de tan salvadora y prolífica buenaventura. Se decretó *ipso facto* una universal ley del silencio y del olvido por la que nadie osara (al contrario acatara y mirara para otra parte) exigir cuentas de cualquier hurto o crimen provenientes de un pasado que nada convenía remover no fueran a despertar los viejos y terroríficos demonios ibéricos. Con diligencia se pertrechó un nutrido y bien dispuesto equipo de corresponsales extranjeros que a coro expandieran por Europa y el mundo la buena nueva y puesta de largo en la imagen de marca del régimen encarnado en la persona del jovial monarca, tanto heredero (hijo político más bien) caudillista como entronizado en las alturas por cooptación y consenso. Con motivo de una reclamación que presenté en el Metro de París, a la dependencia donde estoy llegan varios inspectores de la empresa y a la noticia de que soy español al momento irrumpen en loas brindadas a la llana campechanía del simpático (antes era insípido) soberano de indefinida designación. Cuando secamente les espeto, "c'est pas mon choix", de súbito me lanzan aviesas miradas cual si un servidor fuera nostálgico del decrépito sanguinario pardo general. No entendían los pobres que alguien a la hora de los tiempos se resistiera al magnetismo de la joven y ya pujante democracia española...

Era sin embargo difícil maquillar la faz nocturna del régimen en plaza que asumía la herencia e hipoteca de una implacable y paralizante tiranía militar impuesta a sangre y fuego sobre las ruinas de la República, que con celo guardaba en su seno el germen de la impunidad, del enjuague, del apaño, para que efectuando las sustituciones imprescindibles al cambio de ciclo histórico las fuerzas oligárquicas esenciales continuaran inamovibles e intactas en sus puestos de mando. Éstas con las mejores galas cambiaron de pareja de baile y al instante se cogieron el paso con los nuevos y viejos reciclados danzantes del democrático son. También esta segunda Restauración amañó un oportuno bipartidismo o facticia dualidad, la conservadora dicha *popular* y la liberal dicha *socialista*. Como unos y otros son, con ligeros retoques, cromos perfectamente intercambiables, se disputan con saña el mismo botín distribuido por instituciones y amplias o reducidas parcelas del territorio dichas *autonomías*, donde se hacen fuertes ya blindados en sólidos feudos regionales. Quedaban con un pie dentro y otro fuera del concierto los antaño denominados "nacionalismos periféricos". A éstos les fueron reconocidas sus lenguas y culturas oprimidas, se les otorgaron exclusivos derechos en el nuevo reparto del poder, lo que en la práctica equivalió al goce de auténticas patentes de corso en sus áreas históricas de influencia (esto dio, entre otras perlas, el espeso tejido corrupto del "pujolismo" en Cataluña), casi se les pidió perdón, en fin, por los desmanes del Caudillaje, y lo han pagado con la deslealtad de acudir a sacar ventaja en una partida de cartas ya marcadas. La gran cocina sirvió así en fino mantel una nueva división del territorio, esta vez despiezado hasta el absurdo, multiplicando infatigablemente parlamentos, judicaturas, policías, administraciones, televisiones, aeropuertos, magnánimos, en definitiva, cuernos de la abundancia regionales, despejando el camino a redes clientelares engordadas al socaire del dinero público, rindiendo éstas pleitesía a la insobornable idiosincrasia de cada taifa… Las mismas justamente también entraron a saco en el sistema educativo, distorsionándolo, fragmentándolo, reduciéndolo, lo que unido a las guindas que culminaban el pastel, el inconcebible e inagotable desfile de siete leyes educativas diferentes, han dado ese caos y desconcierto generadores tanto del mayor abandono como del fracaso escolares europeos. Ya sólo por este destrozo histórico debería haber sido liquidado el régimen. Tantos acontecimientos, en fin, antes nunca vistos han originado escenarios tan inauditos como el de las islas Baleares, paraíso soñado de mi generación hoy horriblemente mancillado, donde, junto a precedentes y continuados atracos, el yerno de su majestad, el insigne Urdanga (apelo a la autoridad de Valle para nombrar una situación depravada con una palabra deformada), en comandita con la eximia hija de la misma e idéntica majestad, efectúa fastuosos negocios al impulso de su alta condición ducal y con la inestimable ayuda de una cargada agenda de deslumbrantes contactos institucionales. Escenarios como el del antiguo reino de Valencia, donde épicas gestas de inusitado desarrollismo han emulado las mil y una noches petroleras de los Emiratos a orillas del Golfo Pérsico. Por no hablar de la vieja Bética, caída en manos de la Junta de los Milagros, desde el primer día en posesión ésta atada y bien atada de los mismos compañeros y compañeras, dispendiosa en su proverbial munificencia, casposa en la vulgaridad y ramplonería de su televisión regional, complaciente en la propagación a mansalva de supercherías pseudoizquierdistas, altas cimas del populismo demagógico y garantes por tanto de fieles réditos electorales, que tras haber laminado al galope algunos jueces y diluido en humo seriadas corruptelas, ha ido no obstante amasando y compilando más desvaríos hasta darse de bruces con una jueza que desde la soledad del samurái ha ido encajando el acoso y derribo autonómicos de una pléyade forjada en la lucha y el esfuerzo con inquebrantables timbres socialistas de compañeros y compañeras…

Y así fue girando la rueda de la fortuna colapsada un buen día por un descabritado caos especulativo que desató la crisis internacional del Capital financiero, lo que trasladado al solar patrio se tradujo en un precipitado desplome de los palos del sombrajo, pillando con el paso cambiado a un polvoriento tropel de nuevos ricos, poniendo obscenamente al descubierto la precariedad y promiscuidad del sistema, dejando indecorosamente desnudos a los más expuestos actores de la representación. Ya antes hubo el innombrable amancebamiento de las castas políticas y bancarias que dio a luz una nutrida cohorte de arribistas y hampones, genuina cleptocracia de alto rendimiento ejecutora del saqueo de las cajas de ahorros que consolidó a la corrupción como el factor esencial que ya venía dado en la naturaleza del régimen. Ésta percibida con sordina en los inicios nunca fue denunciada en un general murmullo colectivo. No había sin embargo mayor inquietud cuando la faraónica factura del desfalco nos estaba con eficacia y buen tino previamente asignada. Con tan oscuro bagaje se encamina el sistema hacia tres convulsiones que constituyen el índice de su propia descomposición: una infecta tramoya de robo-terrorismo de Estado bajo la tapadera y cobertura del combate al primigenio terrorismo etarra, un autogolpe de errática e incierta trayectoria y por tanto finalmente abortado, más la descarnada siniestra masacre ferroviaria de Madrid. Los tres desastres históricos cerrados en falso, birlados a la información y conocimiento de una sociedad y un país, nunca desenmascarados ni señalados sus verdaderos y últimos autores porque en tal caso el régimen se hubiese sencillamente puesto a disparar contra sí mismo. A propósito del autogolpe mucho insistió hasta el final de sus días el general Armada en que su silencio era el mayor servicio jamás rendido a España. Y un régimen que requiere del silencio significa que se enroca y repliega alevosamente en lo oculto. A no olvidar que la primera Restauración cierra indigna y del mismo modo en falso tanto el asesinato de Prim como la sangrienta e indiscriminada matanza de Annual, que sacrifica en la vergüenza y el oprobio a una doliente tropa campesina y obrera española y en la que el papel del castizo, golpista y frívolo monarca de turno fue al parecer clave. Pero si democracia es rendir cuentas y sacar absolutamente hasta los más escabrosos asuntos a la plaza pública, quiere decir, a pesar del título que pomposamente se otorga a sí mismo el régimen, que aquí se juega a otra cosa…

Post Scriptum: hice leer el texto presente a siete personas con conocimiento de causa, todas hombres, y éstas fueron sus reacciones (algunas, no diré cuáles, creo que dicen más del mensajero que del mensaje): "prosa exquisita", "agorero", "antisistema", "contundente", "descorazonador", "espectacular", "pomposo". Pero ninguna mujer había en ese improvisado comité de lectura. Como quiera que siempre arrojan otra mirada sobre las cosas, ni mejor ni peor, sino distinta, ahí les brindo este texto. Salud.

… a Esaú Ponce y Julio Baños, mis antiguos alumnos y por tanto cómplices

XVI

MOMENTOS DE LA CONCIENCIA, FRAGMENTOS DE LA MEMORIA

"l'imperceptible reflux de l'eau, la pulsation d'une minute heureuse"
Proust

Abrimos generalmente la mirada a un aluvión sin sentido de apariencias, como nos ensordece el ruido y la algarabía de un afán incesante que recorre la superficie de la vida. Pero también podemos amanecer un día sobrecogidos por esa plenitud ingrávida que nos otorga la vibración leve y momentánea de la felicidad, o por la sensación repentina de ir inminentemente a sobrevenir, a brotar un instante de belleza, al igual que guardar en nuestro haber el callado consuelo de una serie contable de satisfacciones morales. Inclusive somos capaces todavía de hallar al fondo de nosotros mismos el hálito transparente del espíritu como el último antídoto a la desolación. Sin embargo, anterior al recuento, nos salpica e increpa la indiferencia cual misión de deber cumplido, con que se elabora la humillación y explotación del otro, el despojo perpetrado a la inmensa mayoría de cualquier rasgo aproximado de humanidad. En nombre de Dios, del Estado, el Capital, el Orden, la Civilización, las Leyes, siempre está a mano y viene justa una poderosa razón que decreta la existencia de un ser inferior, que ratifica su nulidad como hombre único y verdadero… Inexorablemente más tarde irrumpen la soledad, el dolor, la pérdida, el fin tan próximo de cuanto creíamos poseer como imperecedero. Oprime sobre todo esa dramática fecha de caducidad el tiempo… Pero en simultáneo se vislumbra lo invisible, que alienta, que aletea no lejos de las cosas sino bien al contrario en su seno. Es lo que no queda a vista porque se oculta, ni se deja oír porque sólo se barrunta en silencio. A tientas siempre lo nominé el ser y nunca Dios, porque es éste un concepto extraño y ajeno al hombre. Ni Dios como institución de poder que va por delante de absolutamente todas demás las instituciones, como el Estado, y que origina a su vez mas instituciones, como la Iglesia, ni como posibilidad de salvación del hombre que se proyecta fuera de sí mismo y que cifra por tanto su salud no tanto en lo desconocido cuanto en lo más altamente improbable, ni Dios como idea, expresión de un anhelo con el cual el ser humano pretende sobrepasar todas las contingencias, el tiempo, y arribar a un más allá innominado, la nebulosa más impensable que al fin también termina recibiendo nombre, la eternidad… Yo la única eternidad que conozco es bien nuestra, a la medida del hombre, la del arte, la más hermosa ficción humana jamás concebida, presente en todas las culturas y permeándose sin cesar con todas las religiones. Por ello eran más asequibles y hechos al compás de nuestros anhelos los politeísmos, en los que el poder político finalizaba necesariamente tomando asiento junto a las grandes divinidades de aquel panteón dorado. Hasta se detectaban dioses menores, no sólo familiares sino igualmente tutelares de, por ejemplo, un río, como el que reza en la entrañable "Oración del puente" que Iulius Lacer dedicó en el templete a los pies de su divino en armonías puente de Alcántara y que en nada mancillaría la calma, sino bien al contrario agradaría a los ojos de los espíritus benefactores del lugar. Ya la absoluta fidelidad de los materiales y perfecta ejecución en los arcos que infatigablemente vigilan el paso del agua hacen de su obra delicioso baluarte contra el olvido. Iulius Lacer, ingeniero civil de provincias en época imperial trajana cuyo amor a la construcción le reservó un sitial seguro en la larga bancada de la eternidad...

Por ello Dios acaba al final siendo un cálculo erróneo en el cómputo de la existencia, pues es desde luego del todo inconcebible ningún ente ajeno que sobrepase un más allá del hombre. El ser y la materia están imbricados en un mismo impulso, se constituyen mutuamente, se traban en la expresión palpitante de la vida, y nada más hay fuera de esa onda esencial. De manera que si el hombre desconoce el Universo (o los Universos) porque carece de los útiles técnicos o científicos necesarios (aun cuando vayan a gran velocidad retrocediendo fronteras), no quiere decir que el horizonte de las estrellas le sea extraño. Físicamente lejano pero no externo, desde el momento en que él mismo está físicamente amasado en *polvo de estrellas*. Cualquier hombre lleva en sí mismo el Universo y para descubrirlo sólo es cuestión de ejecutar un acto de conciencia. No de introspección psicológica sino de absoluta apertura al ser de sí mismo y del mundo. Creo que en esto mismo redundaba G. Orwell cuando decía: "Pero, a la calidad de seres humanos, habéis preferido la de seres vivientes, confinándoos así en un eterno presente (...)". Justo contra ese hallazgo que identifica al hombre interviene la cultura del Capital, que requiere un ser ignorado por sí mismo y consiguientemente propicio a seguir su dictado, el de la sumisión total de la vida a las leyes de hierro del Mercado. Y ello no sólo atañe al enfrentamiento histórico del Capital y el Trabajo, con victoria por "KO" del primero, sino a ese otro aún más acuciante del Capital y la Naturaleza, cuya previsible deriva, si nada ni nadie tuerce este curso fatal de acontecimientos, conduce a arrojar al hombre a una incierta senda de turbulencias, ya iniciada, que pueden a su vez conducirlo a un abismo en el que el Capital también fenecería, por supuesto. En cualquier caso, cuantos artilugios tecnológicos abandonan la tierra al encuentro de vidas inteligentes más bien debieran partir a la busca de otras conciencias, entendiendo que aquéllas fueran de la misma naturaleza que la nuestra. De todas formas, si en esos satélites viajaran señales de ciertos hallazgos del espíritu humano como pudieran ser un buen registro de la Matthäus-Passion junto a copia fidedigna del bodegón de Zurbarán que se encuentra en Pasadena (California) creo que sólo alcanzarían a provocar, si tal hubiera, la convulsión de otra conciencia. Con todo, grados diversos de vida inteligente hay por doquier, ya que toda especie viva da testimonio de un nivel de inteligencia adaptado a las necesidades de un medio y evolucionando en consecuencia dentro de él. Es evidente que un grado mayor de inteligencia como el de Sapiens ha dado una adaptabilidad sin parangón a casi todos los cambios ambientales, que ha hecho de este último homínido la especie viva más evolucionada, aun cuando haya engendrado a la contra una capacidad de destrucción ajena y propia que da verdadero pavor. Y a pesar de todo ello lo que realmente funda la última diferencia es la revolución cósmica de su conciencia. Desde esos inasibles momentos el hombre era ya el Universo. Por ello el destino del hombre trasciende su exiguo planeta. No hablo de una nueva raza de astronautas, sino del hombre ejerciendo plenamente la conciencia de sí mismo y del mundo en toda su dimensión desconocida. De un mundo aun no tangible ni aprehensible pero en perspectiva ya como promesa. En tal sentido no es paradoja que el hombre dicho *primitivo* de Altamira, Lascaux, Chauvet, etc, como el mucho más reciente de Stonehenge u otras civilizaciones ya históricas de Mesopotamia o Egipto tuviera su anhelo orientado al cielo, a diferencia de este otro hombre, precisamente nosotros, tecnológicamente evolucionado que me parece ignora u olvida su destino, lo que constituye la evidencia de su pérdida. Frente a la cual, una vez más, sólo un acto de la conciencia y de la consiguiente rebelión contra un estado de cosas y férreo sistema de intereses podrá restituirle su humanidad. Mi propia inteligencia, en fin, bastante limitada, es continuamente dejada atrás por tantos fenómenos que no se pueden cuantificar: las matemáticas, esos entes de razón que son los números, el vértigo continuado de la parafernalia tecnológica, que hacen de mí un desvalido analfabeto, y sin embargo nada hay que escape a mi conciencia. Recuerdo una mañana que visité en solitario la catedral de Reims cuando el organista que ensayaba atacó de improviso una impetuosa serie de graves acordes. De pronto el aire transfigurado por la luz de las vidrieras se agitó en las naves del inmenso templo que pugnaba por elevarse al cielo. Así retumba en la conciencia cuanto hemos sido, lo que somos, nos configura, los fragmentos iridiscentes de la memoria que, levando anclas, nos deja a merced de la corriente, el tiempo…

XVII
INVOCACIÓN A BACH

"No sé si la música habla de Dios o no habla de Dios, pero desde luego atraviesa al hombre"
Christian Zacharias

Ven, oh Bach, a dedicarnos la última cantata y desvelarnos algo otra vez sobre el sentido de la vida que se nos va ocultando cada día, ven de nuevo a componer la coral que entone el himno de alabanza a la tarea recién cumplida, a la labor bien hecha al final de la jornada, a darnos la ofrenda de acción de gracias por un mundo siempre modelado por la luz que recibimos como un don en las mañanas. Vuelve a mostrarnos que tus inconmovibles creencias en Dios y en Martin Lutero infundieron con un largo soplo en tu mirada el sentimiento imperecedero de la eternidad. Vuelve por favor a hacernos ver que el cántico de esperanza en tus masas corales expresaba verdaderamente aun las posibilidades del hombre, a persuadirnos de que los bienes de la lluvia crecían porque nunca traicionaban la bondad de su naturaleza según el plan concebido en la mente de Dios. De igual manera que la pasión con que sentías el universo hallaba al fin su liturgia en los 48 Preludios y Fugas del Clave bien Temperado, como el pensamiento casi matemático que bullía en tu mente venía a aliviar para siempre en las Variaciones Goldberg el insomnio infinito que conmueve a las estrellas. Vuelve en fin a guiarnos por este inmundo laberinto donde las voces o el viento, el amor o los dones, la ensoñación o el vuelo de las aves ya fueron eficazmente registrados como claros valores contables en una firme base de datos. Porque quizá no sepas, oh Bach, que tus antiguos príncipes-mecenas se reciclaron hoy en exclusiva cúspide piramidal de inversores-banqueros, que ya no apuestan tanto por la música cuanto por otras bellas artes de segura cotización al alza conforme probada rentabilidad de valores-refugio. Oh, ese dios sin escrúpulos del dinero que engendra la violencia y la brutalidad de quienes, condenados a hablar, sólo expresan el vacío atronador de un tumulto de palabras… No nos pongas por ello de lado, oh Bach, ahora justamente que anhelamos más que nunca tu fe en la redención humana y oímos tu canto como la fuerza esencial, la convicción moral que viene a desmentir nuestro general descreimiento… Oh tú, entrañable cantor de Santo Tomás, funcionario fiel del orden querido por Dios en la tierra, laborioso trabajador de las horas y los días, paradigma de la belleza y la virtud en una conciencia donde no había sitio para la incertidumbre, cima espiritual de una música cuya arquitectura básica fue la transparencia. Pues si temprano te olvidaron tus coetáneos, si en la generación de tus hijos te nombraban "el viejo Bach" como un valor del pasado, y a pesar de que nunca pretendiste sobrepasar el lenguaje de tu época sino llevar hasta el final los presupuestos religiosos y estéticos que habitaban tu alma, sin embargo las claves y los códigos que animaron tu música ya emitían sus señales hacia un porvenir lejano donde siempre aguardaba un mañana. ¿Pues no fueron los atardeceres que en tu corazón alumbraron la Matthäus-Passion aquellos que clamaban el sentir de una humanidad que buscaba anhelante su destino más allá de las auroras…? Aunque certeramente ya no nos podamos medir a tu magnitud colosal, oh Bach, porque nos hemos ido perdiendo en la medida que nuestra civilización se ha ido vaciando de sus símbolos y silenciando al hombre en una incesante cuenta de resultados…

Post-Scriptum: recuerdo una *progre* que consentía en admitir la maestría suprema de la música de Bach aunque le objetaba que siempre anduviera pensando en Dios. "!Qué pesado!", decía. En primer lugar ignoraba la existencia de un concepto tan simple como el de tiempo histórico, sin cuyo sistema de valores y creencias nunca hubiera habido la obra de Bach. En segundo lugar resultaba que si tan maravillosos éramos los ateos, bienvenidos fueran los creyentes que vendrían a poner el contrapunto ideal a nuestra nada, y en ese ímpetu cruzado de contrarios volvería una vez más a girar el universo y a brotar el ruido eterno de la música…

…a Don José Armenta y a Pepe Armenta, con la salud de la amistad.

XVIII

NO HAY UN LUGAR DONDE
LLEVAR FLORES A MOZART

"Sí, el hombre pasa, pero su voz perdura,
Nocturno ruiseñor o alondra mañanera,"
Cernuda

Una tumba, una piedra sencilla tendida en el suelo que guardara tus restos mortales, con tu nombre y las fechas de tu corta vida grabadas a cincel, para velar tu sueño un momento recogidos, sobre la que ir a depositar una flor que nos consuele… Silencio. No hay nada. Sólo el canto de los pájaros en las avenidas arboladas del cementerio de Viena. Pero ninguna losa gastada por el tiempo que clamara la prueba de tu paso, quizá una efigie de tu rostro, lo que brevemente fuiste, un leve testimonio de tu existencia. Ningún sitio a donde dirigirnos para hallar de ti algún vestigio de tu ocaso, los datos inscritos de tu nacimiento y tu muerte, tus ciudades del final y del origen. Toda la información ya sabida que anhelaríamos leer entre hierbas, algunas hojas secas con negligencia caídas a los pies de tu morada, contemplando febrilmente tu suelo, concentrados en tu vida y en tu memoria, conmovidos de hallarnos en presencia de tu último refugio bajo tierra, en un hueco excavado donde ya para siempre habitara tu olvido…

Eso eres, Mozart, al fin sólo hijo del viento, oráculo errante de la lluvia, melancolía insobornable en manos de los siglos, belleza elemental que reverbera en las auroras, inasible horizonte donde ondula un espejismo... Es como si hubieses hurgado en un manantial oculto del que surgiera en corriente la canción de la tierra, la desalentada hermosura de la vida, una ternura aun que fuera a aliviarnos de la fatiga de existir... Quizá te poseyó la infinita armonía de los paisajes en los que al amanecer brota la luz por generación espontánea, una fuerza primaria que desvela con ímpetu las formas esenciales del mundo. Y ahí estabas tú, desconocedor de esos dioses que cual demiurgos te frecuentaron al tiempo que inútilmente consumía tu vida una serie inefable de asuntos sin historia. Temprano en un día oscuro el ineludible zarpazo de la muerte truncaba la más clara esperanza nunca gestada en el corazón del hombre, ese fruto cual una espiga al sol que germinaba en tu frente... Hombrecito prodigio adornado con peluca quizá paseando ya sin tregua la indefensión de tu alma por las cortes europeas, a la busca del beneplácito encumbrado de los grandes que premiaran tus dotes precoces con reconocimientos y doradas recompensas, o el talento de un niño temerariamente invertido en perseguir con denuedo la incierta fortuna.

Hombrecito prematuramente razonable mostrando ya antes del alba una misteriosa inclinación a crear belleza, la música diáfana cuya delicada tonalidad dibujaba ya en el aire la línea transparente del vuelo de las aves, la melodía azul de la mañana que reflejaba en sus notas la extensa serenidad del mar, el diálogo feliz de los instrumentos que perennemente excluían cualquier sombra de tristeza. Sin embargo, quizá ya entonces turbiamente barruntaras que el movimiento más lento de tu vida era el que con pleno sentido dedicabas al rastro alargado de tu confesión más íntima, la soledad…

Llegaron después otras hirientes servidumbres como buscar el favor y el mecenazgo, esa jaula de oro de la que pronto quisiste escapar, de príncipes mundanos y eclesiásticos, el arribo persistente de las deudas financieras al actuar como músico libre sujeto a las precarias leyes del mercado, el hallazgo de los infinitos matices del piano en diálogo sublime con el universo en expansión de la orquesta, tu hermandad y creencia masónicas que te hicieron concebir en alemán un nuevo lenguaje para una nueva época, pero sin cesar asomando la inconsistencia de lo imprevisto, de lo desconocido, que hacían de tu vida un frágil trayecto hasta la irrupción de ese prematuro y abrupto final con turbación reservado a los elegidos por los dioses, el último acto sin palabras de la disolución y el despojo de la fosa común donde fuiste ya nadie sumado al vacío de los seres sin atributos. Pues en el último momento un destino adverso te hubiese arrojado a la nada de los hombres invisibles de no haber sido porque hasta unos días antes anduviste modulando las últimas voces del paraíso cuyo clamor sólo tú oías en silencio. Fue en verdad tu insaciable anhelo vuelto irreal de tanta belleza, hecho obertura que asciende en espiral como una luz difusa, interpretando el réquiem de una muerte universal, el que finalmente hizo que no quedase un lugar al que pudiéramos acudir a llevarte unas flores…

XIX

GLENN GOULD PASEA A ORILLAS DEL MAR

"Todo arte pugna constantemente por llegar a ser música."
Walter Pater

Adhesión o rechazo totales, Glenn Gould no sólo viene a hacernos oír música sino a ofrecernos una idea sonora del mundo. Cuando sus *tempi* se aceleran o ralentizan se diría que la existencia camina al mismo compás nervioso o sosegado del piano, y los ruidos guturales que acompañan e interfieren en las grabaciones hacen que sus mismas impurezas los hagan más que contingentes, necesarios. Pues a pesar de esa irrupción aventurada de lo accidental, casi de lo feo disonante, su posición o actitud sobre el teclado nos sitúa frente a una exhortación o conjuro, cual si fuera a iniciar una liturgia, un rito ancestral ligado a la música, o bien sencillamente se empleara en hacer de ésta una religión sin dios reconocido, ya que ese acercamiento o comunión con el piano y el sonido que crea mucho tiene de devoción, tal si en ellos anduviera buscando una sacralidad, aunque ésta sólo fuera de naturaleza civil. Las evocaciones que de esta manera despierta Glenn Gould al piano no se acaban nunca. Recuerdo que Pau Casals refería cómo al levantarse interpretaba al violoncelo cada mañana la misma suite de Bach, y que todos y cada uno de los días halló en ella algo insólito que nunca antes había oído o imaginado. Aun cuando ello únicamente sería percibido por un artista como él, en el que la conjunción del oído y del espíritu quizá le hubieran hecho oír hasta el crecimiento de la hierba. En Glenn Gould es distinto, ya que esa sabiduría musical la difundió y democratizó al límite, la hizo extensible a todos los tiempos, nos la dejó en herencia y patrimonio, puliéndola sin cesar en los estudios de grabación, pero no en el sentido de buscar con ella una perfección musical, sino la plasmación absoluta de su alma en aquellos toques inauditos. Decía igualmente Gustav Leonhardt que el Bach de Glenn Gould no era tal, es decir, que consistía en un falseamiento. Se equivocaba no de forma que emitiera una opinión errónea, sino de que había otros Bach diferentes al suyo, esto es, el histórico. La obra concertante de Bach en general, y la de clave u otros instrumentos solistas en particular, es de una estructura tan sumamente abierta que se diría la atraviesa el aire y la luz cual si se tratara de un chapitel de piedra calada en las alturas, según "la rigurosa ley lineal del gótico puro" (Wölfflin). Se hace prácticamente imposible deslindar fronteras en Bach aparte de las históricas, lo demás queda listo para que alguien disconforme e inconmensurable como Glenn Gould venga de nuevo a iniciarlo, rehacerlo, descubrirlo… Es la razón esencial de esa perenne modernidad o actualidad de Bach, de ese eterno presente o infinito retorno que va desde el fundamento más luterano a la más desafiante abstracción. De modo que si desviaciones hay, o desequilibrios, en nuestro amado canadiense, el impulso sin embargo que infunde a cada movimiento lo hace a éste verdadera y únicamente sagrado, y al igual que todos los grandes, dibuja en el aire, marca en la tierra, surca en el mar, el modelo de una posible belleza de lo infinito...

Por lo que infinita es la música. Instantánea e indefinida, inclusive inestable, pero a la vez arquetipo puro. "Punto inmóvil de un mundo en rotación", es una cita de T.S. Eliot que tenía Glenn Gould por divisa. No hay ningún otro arte cuyo nimbo nos abra de manera más inmediata a la sensación de lo ilimitado. No hay claridad más concentrada, sentimiento más colmado, conmoción veloz como el pensamiento en el caso de Glenn Gould, que nos lleve con más certeza a un estado de plenitud, que nos sitúe más fehacientemente ante un espacio desmesurado. Cuando los paisajes se afirman en la pintura, ya con mucha antelación los divisó la música con vuelo rasante de águila. Decía Mahler que una sinfonía era el universo, y no había naturalidad y evidencia más presentes cuando sus luminosas masas orquestales dilataban y conmovían la magnitud del aire. Las formas del arte, de otro lado, sean cuales fueran según el lugar y el tiempo, siempre han de expresar el impulso y el hálito de la vida, y el misterio de ésta, a su vez, únicamente asoma en aquellas formas que dan impresión de libertad. Pues la vibración de todas las líneas de horizontes, la urdimbre general de todas las voces, el estremecimiento tectónico que desbordaba los límites de los ríos y de la lluvia, el grito o el anhelo que clamaba en la oquedad y en la umbría de las cavernas, era ya la música...

Mi descubrimiento sin embargo de Glenn Gould fue tardío. Hasta mi llegada a París no se me hizo palpable, y anteriormente sólo había sido referencia vaga, casi mera noticia, de forma que si alguna vez lo oí en la radio, supongo, no me dejó huella. Me faltaba el contexto, el clima, el ambiente que una ciudad, hablando militarmente, de retaguardia como Sevilla no poseía. Hablo, una vez más, del Caudillaje tardío y del consiguiente período intermedio hacia esta especie de urdido y malogrado consenso actual. Y justamente en Francia me vino a través de un medio bien querido por él, el de las grabaciones de estudio, esta vez televisivas. Yo un buen día subí por empinadas escalas cual una cruz a cuestas hasta la buhardilla que habitaba en el séptimo piso una tele en blanco y negro, y la noche que presencié el primer registro de la entrevista que hoy, afirmo, es probada historia, concedida al violinista Bruno Monsaingeon, literalmente me caí del caballo. Jamás había visto ni oído un músico, un pianista clásico, expresarse y actuar no ya imbuido de su propio valor sino de la desenvoltura de un pequeño dios. Después acudían como en una cita los dos o tres episodios de la grabación que emitía cada otoño la televisión pública francesa, y en realidad con ellos emprendí esa especie de religión (religación) que me incitó a llevar guardado para el resto del tiempo a Glenn Gould en el corazón. Yo lo máximo que en materia de gran literatura pianística hasta entonces había presenciado en la somnolienta Sevilla de mi época era el canónico Arthur Rubinstein, demasiado pendiente, a mi modesto entender, de las esencias eternas (inalterables) de la música. También en otra ocasión pasó por el embrujo de la ciudad un envejecido Wilhem Kempf. No obstante, el público que verdaderamente imprimía carácter a las representaciones musicales de aquel entrañable Teatro Lope de Vega que, como el trenecillo de Proust, se me antojaba "de interés local", era el de los prohombres y promujeres (siempre situadas un paso atrás) del régimen caudillista. Con aquellos Gobernadores Civiles y Jefes Provinciales del Movimiento, igualmente Capitanes Generales provenientes de la colindante Plaza de España, alcaldes designados, como el mismo Caudillo, por la gracia de Dios, junto a algún que otro reducido séquito de cualquiera de ellos, había que convivir durante los conciertos de los más encumbrados intérpretes. Era necesario ser visto, estar allí, y eso se notaba. Los aplausos finales que atronaban en el pequeño, dorado y cálido rojo recinto del teatro eran los que a Glenn Gould les parecía altisonantes, de mal gusto, y si alguien como él hubiera caído en semejante caldo de cultivo, desde luego que hubiese tenido el efecto de una bomba... Pero ya por esos tiempos había el pianista decididamente abandonado las salas de concierto y optado, con todas las consecuencias, por los estudios de grabación del sello Columbia o de emisoras de radio. Así hasta que Jorge Camacho, el pintor surrealista hispanocubano, o franco-hispano, en todo caso de La Habana, afincado en Sevilla, Almonte y París, vino a acompañarme, a refrendarme, a darme la alternativa, puesto que era gran aficionado taurino, en mi convicción y querencia por Glenn Gould. Yo en varias claras mañanas me cruzaba con Jorge por la Plaza del Salvador, por la calle Sagasta, en plena ebullición de la medina de Sevilla. Se paraba entonces, me miraba con su tez mulata, ojos de asombro, fino talle torero, nos dábamos abrazo de bienvenida, y, cual un ritual, con gesto al aire de su brazo derecho solía brindarme la misma frase: "todo esto me recuerda a La Habana Vieja". Después, él de andar liviano ligeramente cimbreándose, yo moviéndome con la impedimenta de un galeón de Indias, hacíamos un breve paseíllo por el fresco entorno y nada tardaba en aparecer Glenn Gould entre nosotros. Era un poco inútil porque pensábamos y sentíamos igual, pero nos reconfortábamos en nuestra creencia. De esta forma me hizo llegar, nada más aquel año regresar a París, el libro de entrevistas al músico que esta noche tengo en mis manos. La dedicatoria manuscrita en cálido papel de tono amarillento se abre así: "París, 5 Abril 2005" "Estimado amigo, (…)".

Pues Glenn Gould, en efecto, posee esa cualidad indescriptible de los grandes que consiste en transformar la vida en arte. Y tras oírlo no deja propiamente un recuerdo sino la sensación de haber estado uno en otra parte, habitado entonces por un sueño imposible, ya que justamente llegó la música a desvelarlo. Es la poética de una existencia que se había perdido a sí misma y ya por tanto no se rememoraba. Tal era el anhelo de Miguel-Ángel por el que las formas que yacían dormidas, cautivas, en el seno de la roca, venía el artista a rescatarlas, a liberarlas, a hacerlas despertar a la cegadora luz de los amaneceres. Ya anteriormente halló Platón, casi en los albores de la cultura de Occidente, un símil cercano para metafóricamente hacer explícito un universo de ideas eternas, fundamentos originarios del hombre. Es la incesante utopía del arte que recurrentemente brota siempre que sueña el hombre recuperar su espejismo más querido, el del canon sublime de lo intemporal, en el que nuestra época definitivamente dejó de creer. Intemporalidad con todo traslúcida como los cielos por los que la música aspira a navegar. Como por el tiempo que discurre como un caudal sereno en el que la vida a pesar de todo se nos va yendo, perdiéndose de vista, calladamente deslizándose en una corriente general que nos llevó a contemplar quizá a la luz difusa de alguna aurora o atardecer unos instantes de belleza...

Y si desean oír, acariciar, sentir, o conocer, el testamento de Glenn Gould, escuchen con el corazón, la mente y el alma su segunda grabación en estudio de las Variaciones Goldberg. Capten el aleteo de una pulsación que desborda de matices, la lentitud transparente de una cadencia inmutable, el principio y el fin de la música en el instante en que se va a transmutar en silencio, la primera vez posiblemente que un artista haya clarificado cuál hubiera sido el orden espiritual del mundo en el momento de su creación... Justo cada vez que las oigo me viene a la memoria otro registro en imágenes en el que interminablemente camina el pianista por las orillas de un mar batiente, donde no sólo las notas de las Variaciones se entreveran con sus singularísimos balbuceos guturales, también con el rugido violento de las olas, con el vuelo rasante de las aves, con las repentinas alternancias de luces y sombras en una atmósfera que diluye sin cesar sus frágiles contornos, el drapeado oscuro del abrigo que lo envuelve infatigablemente azotado por un viento inclemente, el saturado azul del cielo, en fin, algo turbio, desvaído, de una filmación en blanco y negro, en imágenes que de improviso calladamente vienen con el sigilo de la brisa. Pero todo transita en silencio, con apariencias de lejanía, en secuencias de cine mudo donde la música emerge, cual un encantamiento, del piano situado a los pies de la pantalla, pues lo único que definitivamente sobresale y refulge con luz propia es las Variaciones. Aunque todo ello, ya digo, únicamente acontece en la marmita de mi espíritu...

... para ti, Jorge, por si me barruntas.

XX

A VUELTAS CON SION

"Confieso que he oído llorar a un niño palestino, musulmán, por ver a su padre, médico respetado en Ramala, educado en Zaragoza, casado con una española de Teruel, de rodillas, en calzoncillos, a mitad de ningún sitio, apuntado por el fusil de un recluta israelí de 18 años de edad que encuentra entretenido humillar a un ser humano delante de los suyos porque no tiene nada mejor que hacer a las siete y diez de la tarde." Juan Cierco, reportero citado por Javier Valenzuela en El País del 17-04-2010.

Lo que consideráis vuestro logro histórico, aquello que difundís por el mundo como vuestro éxito civilizador y tecnológico, vuestro arrollador triunfo a sangre y fuego, es en realidad vuestro fracaso. Pues vuestras inveteradas e inventadas epopeyas de errancias y nostalgias, ese inefable e indescriptible trayecto de ida y vuelta hacia la prolija nación con asombro perdida y hallada en el templo, esa alquimia de las transformaciones paradigmáticas que hacen palidecer, reducen a escombros, a polvo, inclusive disuelven cual un gas, a las metamorfosis de Ovidio, una metafísica religiosa que os llueve como el maná e inopinadamente hace de vosotros un pueblo y una raza (Shlomo Sand), la imaginaria épica que fondea en los estratos sucesivos de una ficción vuelta memoria hasta lograr poner en pie una moral y un destino, las artimañas levantadas al amparo de una desconcertante exégesis bíblica, finalmente no se tradujeron más que en una implacable política del crimen. Únicamente en las tres semanas que fueron del fin de 2008 al inicio de 2009 asesinasteis en Gaza a 1.380 seres humanos, de los cuales 531 niños. Al resto los dejasteis sobreviviendo en el terror y las tinieblas mientras las cancillerías occidentales tapaban delicadamente (aun cuando alguna se rasgara las vestiduras) vuestra ignominia con una política altamente cualificada de infatigables, prolongados, pulidos no fuera a ofenderos, discursos… Así, fielmente contando en vuestro haber con esa lograda fianza del mundo libre, la imposición obscena que habéis hecho de vuestros insondables mitos, tan sólo espoleó devastadoras oleadas de violencia sin fin, y la inenarrable serie de asesinatos selectivos y de bien dosificadas masacres constituyen la cobertura necesaria al robo de una tierra y al expolio de un desprovisto país de campesinos. Ya los humilláis y los arrojáis de sus casas y les estranguláis sus vidas hasta ahogarles en sus gargantas el grito de rebelión de los hombres libres. En verdad solamente os asiste la fuerza, y con ella habéis despojado de su dignidad a un pueblo, como en su día apoyasteis con denuedo y armasteis hasta los dientes el Apharteid sudafricano que hoy habéis con premeditación y alevosía importado a Palestina. Pues no hay integrismo-fundamentalismo-fanatismo mayor que el vuestro en la tierra. Ya que sin rubor levantáis el dogma de los elegidos de Yahvé y de que en un buen día sin historia fuisteis ungidos por una deslumbrante leyenda dorada…, cuando en definitiva no sois más que una impúdica vanguardia del Capital. Del Capital judío y su larga estela de secuaces…

Post-Scriptum: ¡Tantos grupos e intereses de extrema derecha proliferados en el mundo cuyos ancestros ideológicos antaño se nutrieron de antisemitismo como hoy maman con fe y entusiasmo del Sionismo en tanto paradigma de rechazo, desprecio, violación, combate y exterminio del otro, ese ser inferior e incalificable enemigo de la civilización judeo-cristiana! Para tal menester disponen de un exclusivo ramillete de propagandistas cuidadosamente repartidos por las principales plazas europeas. En París hube de padecer en los medios las fulgurantes apariciones de sus adalides André Glucksmann y Bernard Henry Levi, exponente este último de la cotizada marca BHL. Sus promociones publicitarias eran de *nuevos filósofos*. Como nuevos eran viejos y como filósofos impostores. Únicamente espectaculares y rentables productos de la mercadotecnia editorial, predicadores, cual dos Júpiter Tonantes por sus formas e intratables apóstoles de la causa por sus contenidos, de la doctrina criminal del Sionismo convenientemente aderezada con brutales descargas anticomunistas. Ya en su tiempo fueron desenmascarados como nuevos reaccionarios provenientes y legitimados por orígenes supuestamente contestatarios de *enfants terribles*. Relataba no obstante Glucksmann en una ocasión cómo su madre, en la dramática huida de la persecución nazi, intentaba salvar con desespero en lugar de oro o joyas en su valija las grabaciones de los cuartetos para cuerda de Beethovem. Cual si un noble anhelo fuera de antemano a distraer o blanquear la infamia universal del Sionismo...

...a la tierna memoria de los niños muertos en las sucesivas masacres perpetradas en Gaza por el Estado de Israel. Que la limpia verdad de sus cortas vidas aniquilen la mentira, la cobardía y la barbarie sin fin de sus verdugos.

EPÍLOGO

(Como un analfabeto)

"(…) nuestra presuntuosa obstinación por vivir, nuestro pernicioso e incurable optimismo(…)"
Samuel Beckett

Como un analfabeto. Sólo sé que en conciencia soy un analfabeto. No tanto porque ignore los signos expresados en caracteres latinos de nuestro sistema alfabético, cuanto porque enfrentado a la existencia y al mundo nunca pude contener esa sensación de pasmo y prodigio de quien no da crédito a lo que ve u oye. No entiendo que quien abra los ojos a la vida vea más allá de un devenir inasible, no ya acabado sino apenas en esbozo, siempre en curso, que desborda cualquier límite o voluntad de comprensión. Únicamente los contadores de monedas o los conocedores y entendidos de alguna parcela del saber cierran la boca y aprietan las mandíbulas cuando intervienen con método o sobrevuelan satisfechos por sus extensos y exclusivos dominios, pero yo siempre me desconcerté, me di al asombro en las situaciones inéditas, en los momentos claves, ante el conocimiento del dolor o la dicha, contemplando el incesante paso de las nubes o los infinitos reflejos plateados del mar. Me parece que el dudoso aprendizaje que hemos ido compilando o amasando en una especie de contabilidad imposible de pronto se nos viene a los pies cual un montón de hojas secas si en un instante se pone en evidencia que todo lo que importa, cualquier razón que desvele lo meramente humano, se nos hizo inaccesible como un ídolo que reverbera iluminado en la oscuridad lejana. Sin perder el aliento, siguiendo los contornos inciertos de las sombras, quizá por fin veamos que ni siquiera el pasado nos pertenece, toda vez no era más que el inicio de un viaje a ninguna parte, el cual, como en el cosmos circular de los mayas, vamos incesantemente a emprender siempre otra vez.

Verdad es que el saber reposa intocable en las bibliotecas (aunque ya hoy en las bases de datos informáticos), en los museos, envueltas las obras de arte en un aura de sacralidad civil, y quizá por ello se hace inevitable un clima general de lujoso estancamiento, ya que inviable se hace que la vida en modo alguno allí recale. De ahí el recelo de tantas personas frente a los espacios clausurados de los museos, en los que nos quedamos a resguardo de contingencias, en ámbitos neutrales. Aun cuando haya espacios reglados, con la garantía probada de las instituciones estatales, donde todavía es posible conjurar a la belleza y hallar la ignorancia esencial, ese susto que renace, en que las figuras humanas y la arquitectura con el impulso del primer día se vinculan y se funden en una sola constelación espiritual. Hablo de la asamblea de profetas y sibilas que constituyen la última raza de titanes concebida en Occidente (al lado de éstos los héroes de mármol comunistas y fascistas son claramente una humanidad obsoleta). No es el estilo monumental, la escala gigante que Miguel-Ángel les otorgó la que aun los hace bullir, sino la inconmensurable presencia que los arrebata en la bóveda, aquélla que incomprensiblemente los ilumina como en un amanecer, y ello en contra de la riada humana que se mueve lentamente y vocifera perenne mirando hacia arriba, que tan dura hace cualquier concentración. Y a su pesar es como si en un viraje irreversible encontráramos una vez más el sueño olvidado de una cueva paleolítica, ante el cual halláramos la maravilla, el descubrimiento elemental del origen, ese ser que palpita anterior a la cultura, la hermosa y fehaciente prueba que nos deja pasmados ante nuestra propia ignorancia…